集装箱在中国

朱德辉　编著

中国铁道出版社有限公司

2021年·北　京

内容简介

本书主要讲述了集装箱的基本概念、现代集装箱诞生和发展的标志性事件、现代集装箱来到中国的诸多第一次、中国在集装箱制造业上创造的辉煌、中国在集装箱远洋运输上的巨大成就、现代集装箱在中国铁路和公路的发展等内容，同时还以附件的形式列举了世界主要的集装箱航运公司。

本书可供从事集装箱运输工作人员学习参考，也可作为高等院校相关专业教学参考用书。

图书在版编目(CIP)数据

集装箱在中国/朱德辉编著．—北京：中国铁道出版社有限公司，2021.4

ISBN 978-7-113-26902-9

Ⅰ.①集… Ⅱ.①朱… Ⅲ.①集装箱运输-交通运输管理-研究-中国 Ⅳ.①U169.6

中国版本图书馆CIP数据核字(2020)第083794号

书　　名：集装箱在中国
作　　者：朱德辉

责任编辑：薛丽娜　　**编辑部电话：**(010)51873023
封面设计：郑春鹏
责任校对：焦桂荣
责任印制：高春晓

出版发行：中国铁道出版社有限公司(100054，北京市西城区右安门西街8号)
网　　址：http://www.tdpress.com
印　　刷：北京柏力行彩印有限公司
版　　次：2021年4月第1版　2021年4月第1次印刷
开　　本：710 mm×1 000 mm　1/16　**印张：**8.5　**字数：**117千
书　　号：ISBN 978-7-113-26902-9
定　　价：48.00元

序　言

本书的作者约我为《集装箱在中国》写序，我犹豫了一下。但等看完书稿后，我同意了。关于集装箱，我也的确有些感想想和大家聊一聊。

1983 年，我大学毕业进入铁路，成为工务段一名技术员。整整在铁路上工作了一辈子，铁路上很多工作我都做过，没想到，作为铁路人职业生涯的最后一站，我竟然会担任中铁集装箱运输有限公司董事长长达五年多，掌舵中国铁路集装箱的发展。对集装箱，我从知之不多到深有感触、满怀感情，集装箱是个迷人的事业。

放眼如今的中国沿海，世界级的集装箱港口比比皆是，大连港、天津港、青岛港、上海洋山港、浙江宁波港、深圳盐田港、香港的葵涌码头……，位列世界前列的集装箱港几乎都在中国，它们像一串璀璨的珍珠，镶嵌在中国沿海，向世界展示着中国日新月异、发展壮大的新形象。

现代化的集装箱港口，是中国"一带一路"倡议的靓丽名片。2018 年 11 月，中共中央总书记、国家主席习近平出席首届中国国际进口博览会开幕式，在上海考察时，曾视频连线洋山港四期集装箱自动化码头。听取了关于洋山四期自动化码头建设运营情况的汇报后，习近平总书记希望把洋山港区建设好、管理好、发展好，加强软环境建设，不断提高港口运营管理能力、综合服务能力，在我国全面扩大开放、共建"一带一路"中发挥更大作用。

21 世纪的今天，集装箱已经发展成为世界贸易的主要运输方式，集装箱已经成为世界经济、人类生产生活的一部分，据港口贸易统计数据，2017 年全球集装箱运量首次突破 2 亿标箱[①]。这意味着在一年之中，世界上用集装箱运输了超过 50 亿吨的货物。曾经有一本书说的好，“集装箱已经改变了世界”。

集装箱在世界上已经发展得很好了，那么中国铁路集装箱呢？

根据交通运输行业统计公报，2018 年中国沿海港口集装箱吞吐量为 2.22 亿标箱。全国规模以上港口完成集装箱铁水联运量 450 万标箱，增长 29.4%，但只占规模以上港口集装箱吞吐量的 1.80%。而这一数据在发达国家，如美国为 40%，法国为 35%，相比之下，中国铁路所占的比例显然太小了。作为一个幅员辽阔的大国，中国铁路集装箱的发展无疑潜力巨大，任重而道远。

相对公路、航空和水运，铁路是最“绿色”的运输方式。铁路运输能耗和排放量，仅相当于重型载货汽车的 1/7 和 1/13。如今的电气化铁路可以实现完全不用化石能源（石油、煤炭），只要清洁能源（水电、风电、太阳能等）能为电网提供电力，铁路就能永续运行下去。未来的某一天，当化石能源枯竭了，铁路可以说是唯一可以永续存在的运输方式。近几年，中国高速铁路的发展举世瞩目。2019 年底中国高速铁路里程已达 3.5 万公里，占世界高速铁路总里程的 67%。手机订票、刷身份证进站，时速 250～350 公里高速列车，送你到中国绝大多数大城市，来一场“说走就走”的旅行，已经是很平常的事。曾经的“夕阳产业”——铁路，在中国铁路人手上变成了前途无限光明的朝阳产业。

“调整运输结构、增加铁路货运量”，充分发挥铁路绿色环保优势，实现铁路运输高质量发展，打赢蓝天保卫战，是中国铁路《2018—2020 年货运增量行动方案》的目标要求。2018 年 5 月，中国铁路总公司陆东福总经理专程到曹妃甸港调研集疏港多式联运“公转铁”工作，要求铁路为打好污染防治攻坚战，尤其是“蓝天保

① 国际标准集装箱（Twentyfoot Equivalent Unit，TEU）的简称，下同。

卫战”做出积极贡献。在铁路运输高质量发展上，集装箱大有可为。因为在陆地上，最经济合理的运输方式就是铁路负责集装箱长距离干线运输，两端的短途配送用汽车，集装箱公—铁—公联运、铁水联运，最佳组合，经济、快捷、环保！

集装箱的好处就不用多说了。简化货物包装，节约货物成本；提高装卸效率，降低运输成本；防止被盗、货损、货差，安全、便捷、“门到门”服务等等。集装箱最大的优势就在于便捷的多式联运。

记得一个著名的纪录片《丝路新纽带：中欧班列》中的描述吗？中国浙江义乌—西班牙马德里的班列，经历3次换轨，60多位中外火车司机接力驾驶，驶过8个国家，历时21天，行驶13 000多公里，在终点站，集装箱被再次装上集卡车，送往终端客户手里。在这看似天方夜谭的运输中，集装箱经过十几次装卸，却没有人碰过箱内的货物。除了集装箱，世界上还有谁能做到？这就是集装箱多式联运的魅力。

中铁集装箱运输有限公司组织、经营的中欧班列，自2011年3月19日首列重庆—杜伊斯堡“渝新欧”班列成功开行以来，成都、郑州、武汉、苏州、广州等城市也陆续开行了通往欧洲的班列。中欧班列已经成为中国“一带一路”倡议中实实在在、惠及沿线国家和人民的“钢铁新丝路”，已经成为中国铁路“快捷准时、安全稳定、绿色环保”的新名片。

集装箱如此重要，如今集装箱多式联运已经发展为国家战略。2017年1月，由交通运输部等18个部门历时一年时间，共同研究制定的《关于进一步鼓励开展多式联运工作的通知》出台。这是首次以国家层面、多部门联合推进，针对多式联运发展进行的专项部署，标志着我国首次从国家层面明确多式联运战略定位。《关于进一步鼓励开展多式联运工作的通知》明确要求大力发展集装箱多式联运，加快推进铁路货物集装化、零散货物快运化运输。

国家有号召，铁路有行动，这是铁路人的信念。交通强国，意味着中国铁路集装箱发展任重道远！

这本书是一名曾经的中铁集装箱人二十多年工作、思考和资料收集的结果，体现出一份有心的担当、一份深深的感情、一份对铁路集装箱事业衷心的祝福！

翻看这本书，感受到的是集装箱这个新生事物在中国这片热土上落地、生根、发展壮大的波澜壮阔、激动人心的发展历程！改革开放的中国能创造任何奇迹！曾经的辉煌和坎坷都是过去，中国集装箱的未来正召唤我们继续努力！

中国交通运输协会副会长

吴云天

2020 年 5 月于北京

前　言

集装箱是现代物流最先进的标准化工具之一，其最大的成功在于产品的标准化以及由此建立的一整套全球运输体系：能够让一个载重几十吨货物的巨大运输单元实现标准化，并且以此为基础逐步形成全球范围内的船舶、港口、航线、公路、中转站、桥梁、隧道、多式联运相配套的物流系统。这种基于集装箱的全球物流体系，加快货物在全球范围内的周转，降低货物在全球范围内的流动成本，加速全球范围内的产业结构调整，进而加快全球经济一体化的进程，提升世界经济运行效率，改变人类生活，让每一个地球人都分享到集装箱运输带来的好处。

那集装箱在中国发展如何呢？自“集装箱”作为先进技术和理念引入中国以来，经过中国集装箱人的不断努力，集装箱相关产业蓬勃发展，如今中国已成为全球集装箱制造中心和航运中心。不仅集装箱产销量十多年来一直保持世界第一，集装箱海洋运输也呈规模化扩张态势，而且中国集装箱港跻身世界一流水平。2017年洋山四期开港，把上海港的吞吐能力提升到4000万标箱以上，继续稳居世界第一大港。不过数量还不是关键，从大港到强港，中国智能正挑战世界集装箱装卸技术的巅峰：洋山四期无人运营、无人作业，实现了生产管理系统的全自动化，桥吊操控、堆场作业和水平运输都不需要人去码头，装卸运输设备全部采用电力驱动。这座被称为“魔鬼码头”的无人码头是目前全球规模最大、自动化程度最高的集装箱码头。它标志着中国港口行业在运营模式和技术应用上实现了里程碑式的跨越升级与重大变革，更为上海港进一步巩固集装箱吞吐能力世界第一、加速跻身世界航运中心前列提供了全新动力。

回首过去，集装箱产业不仅行业自身获得了优异成绩，而且为中国经济高速发展提供了强大的推动力。20 世纪 80 年代起，集装箱运输的发展加快了发达国家劳动密集型制造业向中国转移的速度，加速了中国的工业化进程和“世界工厂”的成型；而“世界工厂”规模的扩大和多样化，对适箱货物最佳载体——集装箱的需求也持续升温，推动着集装箱制造业和运输业进一步发展和升级。反过来，集装箱运输又推动了中国制造产品在全球范围内的流动，加速中国“外向型”经济的发展与升级。20 世纪 90 年代以来，集装箱运输再次推动新一轮国际产业转移，催化了资本与技术密集型产业向中国聚集的进程，助力中国工业体系完整化，加速产业结构升级。由此可见，集装箱像加速器一样，为中国社会的经济发展立下了汗马功劳。

当然，集装箱行业也面临新一轮的挑战。例如，集装箱制造业无论是在土地占用、能源消耗、环境保护，还是在社会责任和职业健康等焦点问题上，距离政府和社会的要求都存在着一定的差距。

本书回顾现代集装箱诞生、发展的历史；回顾现代集装箱传入中国时“改革开放”的时代背景；历数现代集装箱在中国落地、生根、发展、壮大的诸多“第一次”；历数中国人创造出的诸多集装箱“世界第一”；分析为什么我们在发展铁路集装箱时坎坎坷坷，在发展公路集装箱运输时面对无奈和尴尬；揭示了集装箱对中国经济腾飞不可忽视的加速作用。

回顾历史，是为了更好地面对未来。

书中不妥之处，恳请并期待广大读者予以批评、指正。

编著者

2020 年 7 月

目　录

第一章　集装箱概述

第二章　现代集装箱诞生和发展的标志性事件

第三章　现代集装箱来到中国的诸多第一次

第八章　集装箱在中国对我们的启示

附件　世界主要集装箱航运公司

第一章　集装箱概述

中国已经是当今世界的集装箱航运中心和集装箱制造业第一大国。但想要把集装箱说清楚，并不是一件容易的事情。

集装箱是用来运货的。关于运货，从古至今，人们都会运点什么东西到什么地方去。军队要打仗，就要顶着敌人的炮火，把弹药、粮食运送到前线去。现代人类高科技的体现——国际太空站，也需要用飞船，不断地将补给送上去。在大学里，研究交通运输问题的硕士、博士论文层出不穷。世界著名的数学难题——“中国邮路”问题，也是从怎样提高邮件递送效率上引申出来的。

什么是集装箱？什么是集装箱运输？什么是现代意义上的集装箱？理清这些问题，有助于我们研究集装箱在中国的发展历程。弄清楚为什么我们能够在集装箱制造业上创造辉煌，我们能够在集装箱远洋运输上取得巨大成就，也可以弄清楚为什么我们在发展铁路集装箱时坎坎坷坷，在发展公路集装箱运输上面临无奈和尴尬。

回顾集装箱在中国的发展历程，有助于我们坚定走发展市场经济道路的决心，更好地走向未来。

什么是集装箱？

作者认为，通俗地讲，集装箱是指区别于货物的包装，能重复使用的，用来装货，便于运输的箱子。有大有小，有木制的，也有金属制成的。

也可以理解为，集装箱是人类的一种全新发明，它采用角件，符合标准尺寸，用来装货，以方便运输货物的一种设备，如图 1-1 所示。

关于集装箱的定义，在各国的国家标准、各种国际公约和文件中，有多种解释。下面介绍国际标准化组织、集装箱海关公约以及国际集装箱安全公约对集装箱的定义。

图 1-1　铁路换装库内的集装箱

国际标准化组织对集装箱的定义

1968 年，国际标准化组织（ISO）104 技术委员会起草的国际标准《集装箱术语》（ISO/R 830—1968）中对集装箱的概念作了界定，该标准后来又经过多次修改。国际标准《集装箱名词术语》（ISO 830—1981）对集装箱的定义如下：

集装箱是一种运输设备，应满足下列要求：

（1）具有足够的强度，可长期反复使用；

（2）适于一种或多种运输方式运送，途中转运时，箱内货物不需换装；

（3）具有快速装卸和搬运的装置，特别便于从一种运输方式转移到另一种运输方式；

（4）便于货物的装满和卸空；

（5）具有 1 立方米及其以上的内部容积。

集装箱这一术语的含义不包括车辆和一般包装。

集装箱海关公约对集装箱的定义

1972 年制定的《集装箱关务公约》（CCC）中，对集装箱作了如下定义：

集装箱是指一种运输装备（货箱、可移动货罐或其他类似结构物）：

(1)全部或部分封闭而构成装载货物的空间;

(2)具有耐久性,因而其坚固程度能适合于重复使用;

(3)经专门设计,便于以一种或多种运输方式运输货物,无需中途换装;

(4)其设计便于操作,特别是在改变运输方式时便于操作;

(5)其设计便于装满或卸空;

(6)内部容积在 1 立方米及其以下。

集装箱包括有关型号集装箱所使用的附件和设备,而不包括车辆(车辆附件和设备)或包装。

国际集装箱安全公约(CSC)对集装箱的定义

国际集装箱安全公约(CSC)第 2 条对集装箱作了如下定义:

集装箱是指一种运输装备,需满足如下各项条件:

(1)具有耐久性,因而其坚固程度能适合于重复使用;

(2)经专门设计,便于以一种或多种运输方式运输货物而无须中途换装;

(3)为了紧固和便于装卸,设有角件;

(4)四个外底角所围成的面积应满足下列两条件之一:

①至少为 14 平方米(150 平方英尺);

②如顶部装有角件,则至少为 7 平方米(75 平方英尺)。

集装箱不包括车辆及包装,但集装箱在底盘车上运送时,则底盘车包括在内。

许多国家标准[如日本工业标准《国际大型集装箱术语说明》(JISZ 1613—1972)、法国国家标准《集装箱的术语》(NFH90 001—1970)和中国国家标准《集装箱名词术语》(GB 1992—1985)]都引用了国际标准化组织(ISO)对集装箱的定义。

什么是集装箱运输?

集装箱运输指用集装箱这种设备来运输货物,包括与之对应的技术标准、流程、单证等。

什么是现代集装箱?

现代集装箱是一种人为全新设计的、具有两个核心要素的运输设备。这两个核心要素:一是使用角件(一种能使集装箱整箱方便起吊和卸下的全新发明),二是集装箱要有人为制定的统一的标准尺寸(如今是国际标准化组织 ISO 颁布的标准)。

这两个要素,是现代集装箱的核心。同时具备有了这两个要素的集装箱,就可以称为现代集装箱。缺少其中任何一个要素,就不是现代意义上的集装箱。在现代集装箱出现之前,种种运货的箱子,如果硬要把它们称为集装箱的话,那也只能叫作集装箱的雏形,或者“原始的集装箱”。

★ 集装箱的雏形

在货物运输行业,将各种各样的货物尽可能多地装到车厢里或船舱里,运到目的地后,再一件一件小心翼翼地把货物从车上或船上卸下来,在任何时候、任何地方,都是一件费时、费力的事情。码头、车站的装卸工,在世界各地都是衣衫褴褛、身强体壮、终日劳作的形象。

要减轻劳动强度,降低装卸货物的成本,解决办法其实也显而易见:为什么非要装、卸、运送,再装、再卸这些一件一件的货物呢?为什么不把货物装进箱子里,然后只装、卸和搬运这些箱子呢?

其实,在现代集装箱之父——马尔科姆·麦克莱恩发明现代集装箱之前,世界上就已经有各种各样、重复使用的运货的箱子了。

据资料记载,20 世纪 20 年代,美国的宾夕法尼亚铁路公司为了解决零担货物中转的问题,采用了宽 9 英尺的钢制箱子,一节车皮装 6 个。

20 世纪 40 年代,苏联及东欧一些国家的铁路开始使用一种容积为 4.93 立方米,平均载重为 1.3～1.5 吨的箱子装货。受其影响,中国铁路在 1954 年也开始研究运送用小型箱,总重 2.5 吨(后增重到 3 吨,史称三吨箱),容积 2.93 立方米,铁木合制结构。使用铁路 30 吨平车或敞车装运,每车可装 8 箱,按照铁路零担运输办理。

在 1933 年，法国国营铁路公司联合其他的铁路公司成立了（欧洲）国际集装箱局。第二次世界大战后，美国军方开始使用一种名叫“康乃克斯”（Conex）的小型钢制箱来装运士兵的个人物品。

但是，上述这些重复使用、运货的箱子，给货主、铁路公司、航运公司带来的更多是麻烦和浪费。

首先，这些箱子各式各样，大小不一，各家是各家的，装卸这些箱子也是非常麻烦。很多箱子在顶部的四个角上装有金属环；吊起时，工人需要先爬到箱顶上，用吊钩勾住这些金属环。由于没有重量限制，所以吊起这些箱子也可能很危险，谁也不知道箱子里面装了多重，箱子会不会散架。其次，一个装满了货物的箱子，其总重量有 1/4 以上是箱的重量，实际有效的货物才占 3/4，效率实在太低。最后，由于货源不均衡，经常要把空箱运回去，这也是一种浪费。

这些重复使用的、运货的箱子，如果我们姑且叫它们集装箱的话，因为它们缺现代集装箱最重要的两个要素：角件和统一标准的尺寸，所以它们没有现代集装箱的灵魂——标准化，也就不可能发展壮大成为一种崭新的运输方式。

从现在的眼光看，它们只是现代集装箱的雏形，或者叫作“原始集装箱”。

★ 现代集装箱诞生的三个阶段

第一阶段：卡车的拖车要上轮船

20 世纪 50 年代，“集装箱之父”马尔科姆·麦克莱恩正经营着一家大型卡车运输公司。他面临的苦恼是高速公路越来越拥堵。

1953 年，灵感突然迸发在他的脑海里：既然沿海的高速公路如此拥挤，为什么不直接把卡车的拖车装到能够在沿海航行的轮船上去呢？

但是在当时，麦克莱恩的想法是大胆的、不可想象的，甚至是“违规的”。

因为当时美国州际商务委员会（ICC）的法律规定：卡车运输公司使

用卡车，轮船公司使用轮船，卡车和轮船互不相干。

为规避监管，1955 年 1 月麦克莱恩创建了一家全新的公司——麦克莱恩工业公司。用 4200 万美元“融资收购”了一家轮船公司——沃特曼轮船公司。沃特曼轮船公司有一家子公司，名叫泛大西洋轮船公司，该公司拥有 16 个港口之间的沿海航运经营权。

对这笔交易，有几家铁路公司提出了抗议。好在州际商务委员会说：“麦克莱恩所遵循的程序是根据法律顾问的建议，并不是故意违反法令。”这个小小的决定，放了新生的集装箱一马，否则，我们就可能看不到今天的集装箱行业了！

当沃特曼轮船公司到手之后，麦克莱恩又重新考虑了他的计划。他意识到，在船上运载拖车效率太低，每辆拖车下面的轮子会浪费大量宝贵的船上空间。卡车的拖车上船的设想最终被放弃了。

第二阶段：33 英尺铝制集装箱和 T-2 油轮的首航

放弃拖车“带轮”上船，理所当然地就是“只运载拖车的车身”，当时麦克莱恩还根本买不到“拖车的车身”。

1955 年 3 月，麦克莱恩新收购的泛大西洋轮船公司一位名叫乔治・肯普顿的主管找来了布朗工业公司的总工程师基思・坦特林格(Keith Tantlinger)。

麦克莱恩当面向他讲述了自己的设想：泛大西洋轮船公司有 T-2 型油轮，按照 T-2 型油轮上甲板的尺寸，他设想使用一种长 33 英尺的集装箱。麦克莱恩提出，不能再雇用码头工人来堆放这些集装箱。最重要的是，这些为泛大西洋轮船公司设计的集装箱，要便于在轮船、卡车和火车之间转移。

这应该是人类历史上第一次讲述现代集装箱运输的思想。它奠定了现代集装箱的基础——整箱装卸，便于联运。历史地讲，集装箱航运的最初设想是麦克莱恩提出来的，他由此开创了全新的现代集装箱时代。

麦克莱恩从布朗公司定购了 200 个 33 英尺的铝制集装箱，并邀请坦特林格给他当总工程师，继续主持项目。

有了集装箱，接下来就是装卸的问题。解决方案是两台巨大的回转起重机。起重机上是坦特林格新发明的扩张爪，它可以伸展开来罩住整个集装箱。有了扩张爪，就不用再让码头工人搬着梯子，爬到集装箱的顶盖上去挂起重机上垂下的吊钩了。一旦集装箱被吊运到位，操作员再按一下开关就可以让吊钩脱离，根本不用地面上的工人去碰集装箱。麦克莱恩的设想实现了！

1956 年 4 月 26 日，在美国新泽西州的纽华克港，一架起重机把 33 英尺的 58 个铝制集装箱(世界上第一种专门定制、装在船上的集装箱，而不是“拖车的车身”)装到了一艘停泊在港内的 T-2 型老旧油轮“理想 X 号”上。起重机每隔 7 分钟就把一个集装箱吊装到了“理想 X 号”的甲板上。不到 8 个小时，船就装完了，并于当天起航。

5 天后，“理想 X 号”驶入了休斯敦港。“一艘油轮的甲板上装着那么多的集装箱。在休斯敦，我们已经见过了成千上万的油轮，但从来没见过这样的。因此，人人都注视着这个庞大的怪物，人人都不敢相信自己的眼睛。”一位目击者回忆说。

经过核算，在 1956 年把件杂货装到一艘中型货轮上的成本是每吨 5.83 美元。而“理想 X 号”的装船成本只有每吨 15.8 美分。一次革命就这样开始了。

1956 年，麦克莱恩的泛大西洋轮船公司的集装箱开始运营了。在纽华克与休斯敦之间每周双向各开航一艘轮船。从 1956 年 4 月至 12 月，共完成了 44 次个航次。

第三阶段：35 英尺钢制角柱，采用角件，配扭锁的集装箱，匹配 C-2 型货轮改装成的纯集装箱船

受到“理想 X 号”的装船成本的刺激，麦克莱恩立刻决定把泛大西洋轮船公司的 6 艘 C-2 型货轮改造成纯集装箱船，扩大业务。但问题立刻冒出来：没有现成的纯集装箱船的模型，也没有人尝试过把五六个集装箱摞在一起。

C-2 型货轮有 5 个货舱，设计舱内用来容纳集装箱的格槽是一个较大的难题。此时已经是麦克莱恩工业公司总工程师的坦特林格建造了

一个实体模型进行测试。在经过了数百次的实验之后，格槽的尺寸出来了。每个格槽要比它要容纳的集装箱长出1又1/4英寸、宽出3/4英寸。

当这些格槽造好并安装到舱内之后，C-2型轮船就具备了运载226个35英尺集装箱的能力，装载量几乎是“理想X号”的4倍。

为了把集装箱摞在一起，集装箱箱体也被重新设计。使用厚重结实的钢制角柱，以支撑摞在上面的其他集装箱的重量。

新型集装箱各个角柱上都有一个特殊的钢铸件，安装在各个角上，叫作角件（图1-2、图1-3）。这个钢铸件包含了一个椭圆形的孔，用来容纳所有革新中最关键的一项——扭锁（图1-4）。

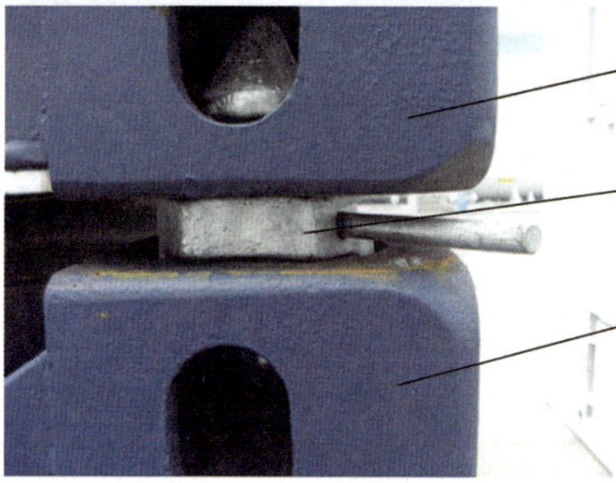

图1-2　集装箱的角件

扭锁有两个圆锥形的部件，一个尖朝下，一个尖朝上；当集装箱摞放在一起时，扭锁可以插入角件椭圆形的孔中。当一个集装箱被放到另一个上面时，码头工人可以很快地扳动把手将两个集装箱紧紧地锁在一起。卸船时，只要朝着相反的方向扳动把手，一个工人就可以在几秒钟内让两个集装箱分开。

麦克莱恩自然为角件和扭锁申请了专利。后来，居然没有人能想出比这个更简单而有效的方法，在制定ISO集装箱标准时，这一度成为拦路虎。1963年1月，麦克莱恩放弃了他们的专利，为世界集装箱的推广起了关键性作用，这不能不让人对“集装箱之父”肃然起敬。

格槽和新型集装箱设计出来之后，麦克莱恩和坦特林格才把注意力集中到另一个关键设备——起重机上。

在90天内，斯卡吉特钢铁厂为他们制造出了一台巨大的龙门式起

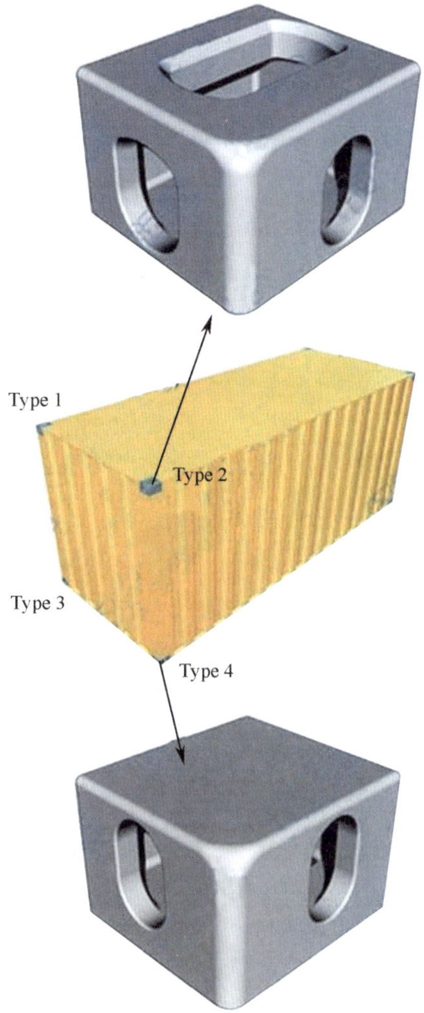

图 1-3 角件结构

重机,它可以在一个横跨整艘船的巨大龙门架上移动。格槽与龙门式起重机配合,使得集装箱的装卸速度成倍提高。

1957 年 10 月 4 日,由 C-2 型货轮改装成的世界上第一艘全集装箱船——"城市之门号"(Gateway City),在休斯敦—迈阿密—纽瓦克航线投入运营,集装箱运输的新纪元开始了。

到 1957 年底,泛大西洋轮船公司 C-2 型货轮改装的 6 艘纯集装箱船已经有 4 艘投入使用,另外两艘在 1958 年加入船队。与此同时,"理想 X

图 1-4　扭锁

号"以及同型号的其他油轮都被卖掉了，同时被卖掉的还有 490 个早先预订的 33 英尺铝制集装箱。

1958 年 6 月，泛大西洋轮船公司的总部迁到了纽瓦克港，开始只运营纯集装箱船。

1960 年初，泛大西洋轮船公司更名为海陆联运公司（Sea-Land Service Inc.），以强调他们是走在货运行业最前沿的开拓者。海陆联运公司的销售人员的利器是集装箱与火车、卡车运输的成本分析对比表，用来向客户说明集装箱运输的成本优势。没有人能抵挡价廉物美的诱惑。

1961 年，海陆联运公司走过了 6 个年头的集装箱业务终于有了盈余。

1962 年，纽瓦克港将伊丽莎白码头建成世界第一个专门用于集装箱货运的码头。

事实上，麦克莱恩并不是当时唯一一个对集装箱运输感兴趣的航运公司。

1956 年，总部设在旧金山的美国麦特森航运公司也在考虑使用集装箱。这家公司对集装箱发展最大的贡献是全新设计出了岸边集装箱起重机（俗称桥吊），平均劳动生产率是一班码头工人使用船上起重机时的 40 倍以上。

★ 有集装箱的世界

现代集装箱在20世纪五六十年代短短的20年间，为人类社会在地球上建立起了从来没有过的，高效、廉价、方便的全球货运网络。现代集装箱已经从经济的角度“改变了世界”。

一般人在电视新闻上或是偶尔在公路上看到的集装箱就是一个个巨大、长方的铁箱子，上面花花绿绿，有不少字母。电视新闻上，一出现集装箱在港口装卸，往往是在表现进出口贸易发展得很好。公路上的集装箱总是从身边匆匆而过。

实际现代全球的集装箱系统是这样的：

首先，世界上有许多集装箱港口。

例如，中国的上海洋山港、深圳盐田港、香港港、天津港、青岛港、大连港等。

一个现代的集装箱港口就是一座工厂、一个城市，其规模之大简直超乎想象。在集装箱港口，首先有码头，与码头紧邻的水域，被分为许多集装箱船泊位。

其次，世界上有很多集装箱航运公司。

例如，丹麦的马士基航运公司(MAERSK LINE)、中国的中远集装箱运输有限公司和公司总部设立在瑞士日内瓦的地中海航运公司(MSC)等。

这些公司有很多专用的集装箱船。现代的集装箱船都非常大。2006年建造的世界上最大的集装箱船——爱玛马士基号(Emma Maersk)，全长397.7米、宽56.4米，航速25.5节。额定装载11 000标箱(实际可以装载15 000标箱)。中远大洋洲号(COSCO OCEANIA)是首条由我国自主制造的10 000标箱集装箱船。船体总长349.5米，宽45.6米，可装载10 020个20英尺标准集装箱。

在这些远洋巨轮上，除了金属的集装箱别无他物。甲板上堆满了一排接一排的集装箱，有红色的、绿色的、蓝色的和银色的，每排有15～20垛，每垛有6～7个摞在一起。

在甲板下面还有更多的集装箱，它们6～8个一垛地堆放在货舱里。

船的驾驶桥楼往往位于船的尾部，越过堆得高高的集装箱刚刚能够看到。船员们住在驾驶桥下面的船员仓里，整个一条船的船员非常少。

例如，一艘从上海出发的集装箱巨轮，可以运载4 000个40英尺集装箱，其中装有重10多万吨的鞋子、衣服和电子产品，经过4～5周的航行，到达德国的汉堡港，而整个行程中船上可能只有20个人，劳动效率非常高。

第三，集装箱在码头上由专用的岸边集装箱起重机（俗称桥吊）装卸。

在码头上，集装箱巨轮一停稳，一排巨大的集装箱起重机（桥吊）立刻开动起来。

这些起重机是巨大的钢结构，每架起重机都向大海平伸出一支吊臂，一般离地面有50米高，其长度超过32.3米，足以横跨一艘比巴拿马运河还宽的轮船。

它们的两个支架脚之间的间隔一般也有20多米宽，完全够几条卡车车道甚至是火车轨道从下面通过。

一个泊位上往往有好几台一样的起重机，整齐地停放在平行于海岸的码头铁轨上，装卸集装箱时，根据需要左右移动。

这些起重机一般的起重能力就有65吨。

在每架起重机的上面都有一个操作员，他坐在一个和名叫小车的装置相连的吊舱里，控制挂在吊臂上的小车沿着吊臂滑行。

从小车的位置垂下一个集装箱吊具，它是一个钢制的框架，用来抓牢集装箱顶部的四个角。

当卸箱开始时，每个操作员控制自己的小车沿着吊臂滑动到船上方的一个精确位置，放下吊具来咬合并抓牢集装箱，然后收回吊索，提起集装箱，并让小车带着集装箱快速地朝着码头的方向滑动。

这时，在起重机的支架间会有一辆胶轮的水平集装箱转运车等在那里。

操作员把小车停在水平集装箱转运车的正上方,降低集装箱并把它放到转运车上,然后松开并收回吊具。

这时,转运车会立刻把集装箱运到邻近的堆场上。与此同时,操作员又会让小车回到船的上方去吊运另一个集装箱。

这个过程每两分钟甚至每 90 秒就会重复一次,每架起重机 1 小时就可以从船上卸下 30～40 个集装箱。

当船上的部分区域已经清空了到港的集装箱时,注意这时到港的集装箱并没有全部卸完,装载出港集装箱的工作就开始了。

码头这边的工作也就变得更加忙碌起来。每次起重机把一个到港的集装箱卸载到一辆转运车上之后,它就会紧跟着从另一辆转运车上抓起一个出港的集装箱吊运到船上,卸船和装船同时进行,装卸效率提高一倍。

对集装箱港,港口码头的前端是起重机(桥吊),码头的后端就是集装箱的堆场了。堆场一般分为到达区、出发区。到港的集装箱被水平转运车转运到到达区的一架堆垛起重机的下方。

堆垛起重机是专门用于码头堆场整理集装箱的起重机。一般使用橡胶车轮,车轮的间距有 16 米,这个宽度是按横跨一条卡车车道和紧挨着的四垛集装箱设计的。连接橡胶车轮的起重机金属结构有 21 米高,这样整个起重机就可以跨着几排 6 个一垛的集装箱前后移动。

堆垛起重机抓住集装箱,把它从转运车上吊起,然后跨过其他一垛垛的集装箱,把它吊运到它的指定堆放位置。

几个小时以后,这个过程又会颠倒过来,堆垛起重机又要把集装箱吊装到集卡车的钢制拖架上(图 1-5)。集卡车会(继续)把集装箱运到港口附近目的地去,但也可能是运到一个附近的铁路车站去,在那里集装箱将被装上火车(图 1-6),运到更远的目的地。

现代港口装卸一艘集装箱船,几乎每一个动作都是由计算机在船到来之前就预先设计好的。一个现代化的港口,如果某天计算机系统崩溃,就基本上瘫痪了。

计算机系统由港口配载计划员操作,它的主要工作是确定按照怎样的顺序卸下集装箱才能同时保证卸载的速度和轮船的稳定。这是一项

图 1-5 集卡车运送集装箱

图 1-6 集装箱被装上火车

很专业的工作，往往由港口的专业人员完成。这些人有些类似于机场的空管，所有的飞机起降都得听他的。

码头上的桥式起重机以及堆场上的堆垛起重机也都是按照配载计划员的安排预先编程的。

在操控各台起重机、转运车的工人面前，有一个屏幕告诉他接下来要搬运哪一个集装箱，以及要把它移动到何处。

例如，计算机已经确定了，装运到港集装箱 DONU8253187 的卡车应该在上午 10:45 到达指定位置；运往美国洛杉矶长滩港的 40 英尺离港集装箱 TBJU7181082，里面装有 27 吨重的机械设备，当前堆放在货场的 B-52-H-1 位置上，将被装载到第三号泊位上的 COSCO 天河号轮前舱第二排第四个槽位的下数第四层上。

并且，计算机已经保证了，冷藏集装箱装在了带有电气设备的隔间里，装有危险品的集装箱已经与可能发生爆炸的集装箱分开存放。

整个操作要非常精确，容不得半点差错。在更为自动化的码头，甚至使用无人驾驶的转运车来装运集装箱，配合中央控制的堆垛起重机来处理集装箱的堆存。

往往在 24 小时之内，一艘远洋集装箱巨轮就要卸下到港的几千个集装箱，装上要离港的几千个集装箱，再次驶上自己的航程。

最后，集装箱在港口怎样集散的呢？

在世界各个主要集装箱港口，每天都有成千上万的集装箱随轮船到港，这些集装箱还将由集卡车或火车从港区疏散运到最终目的地。同时，每天还有成千上万的离港集装箱集结到港区，等待装上集装箱船漂洋过海。

在港区的门口，有专门的门禁系统。装载到港集装箱的卡车一辆接一辆地通过港区的大门，扫描装置会读出每个集装箱的唯一号码，计算机系统会判断这个集装箱是否结清所有费用、办完所有海关手续，可以离港。

在港区的入口，扫描装置会读出每个集装箱上的唯一号码，计算机系统会把它与轮船的载货清单加以比较，然后告诉卡车司机该在那个区域卸货。

所有这些紧张忙碌的活动结合在一起，就形成了一个近乎无缝连接的全球货运系统。

这样，由中国衬衫生产厂发出的一个 40 英尺集装箱，就可以从苏州工厂由一辆集卡车通过高速公路运到上海的洋山港，装上一艘 COSCO 的集装箱班轮，经过 16 天的航行到达 15 000 公里之外的美国洛杉矶长滩港。紧接着，这个集装箱会被一列火车运到纽约的火车站，并随即被一辆集卡车转运到梅西百货的仓库。也许到达的第二天，这些衬衫已经挂在了纽约市梅西百货公司商场的货架上了。而这十几吨重的货物的运费，可能比一张单程的头等舱机票还低。

在这一路之上，（很可能）没有人碰过集装箱里的东西，甚至根本没有人打开过箱门。

对中国苏州衬衫生产商和美国梅西百货公司来说，这种高效的运输设备简直是太完美了！

每天，全球都有几十万个集装箱启程运送和到达目的地，为世界经济服务，为人类的生活服务。

知识链接

你请人运货，为什么要付钱呢？因为你购买了运输服务，或者叫运输产品。

专业地说，运输产品就是人或物的位移。其单位是周转量：人公里或者吨公里。一个人公里就是把1个人运送1公里的距离。一个吨公里就是把1吨货物运送1公里的距离。货物周转量+旅客周转量，就称为“换算周转量”。

全世界的运输企业，就是在生产运输产品，并因此收费。它是人类生产生活的重要内容。

★ 现代集装箱是一个伟大的发明，是一个伟大的创新

全球集装箱系统从无到有，对人类社会的发展起到了巨大作用。

标准化的理念显示了巨大的威力。集装箱标准化了货物，使全世界的货运系统发生了革命性的变化，改变了世界。

现代集装箱，有人称之为“国际标准化的集装箱”。

本书所称的集装箱，如果不特别指明，都是指现代集装箱。即使用角件，具有20英尺或40英尺标准尺寸的集装箱。

第二章　现代集装箱诞生和发展的标志性事件

★ 1956 年 4 月，"理想 X 号"首航

1956 年 4 月 26 日，在美国新泽西州的纽华克港，一架起重机把 58 个 33 英尺的铝制集装箱(世界上第一种装在船上的集装箱，而不是卡车车厢)装到了一艘停泊在港内的 T-2 型老旧油轮"理想 X 号"上。

起重机每隔 7 分钟就把一个集装箱吊装到这艘老旧油轮的甲板上，不到 8 个小时船就装完了，并于当天起航。

5 天之后，"理想 X 号"驶入了美国南部的休斯敦港。"一艘油轮的甲板上装着那么多的集装箱。在休斯敦，我们已经见过了成千上万的油轮，但从来没见过这样的。因此，人人都注视着这个庞大的怪物，人人都不敢相信自己的眼睛。"一位目击者回忆说。

导演这一事件的人就是马尔科姆·麦克莱恩。他被称为"现代集装箱之父"。

麦克莱恩公司的工作人员经过分析计算，在 1956 年采用传统的方式把件杂货装到一艘中型货轮上的成本是 5.83 美元/吨，而采用新的"理想 X 号"+33 英尺铝制集装箱的方式，装船的成本只有 15.8 美分/吨。集装箱方式的成本只有传统方式的 2.71%，这决定了"一次革命就这样开始了"。

麦克莱恩相信的朴素的道理："运量终将流向最低成本的承运人。"他进一步阐述这一理念："在运输领域里，人们唯一关心的是运输成本(运费率)，除此之外，运量不会特别宠爱其他的人和事。成本意味着一切，这没有什么神奇之处，是简单得不能再简单的原理。"

麦克莱恩的泛大西洋轮船公司的集装箱运输服务就此开始了，在纽华克与休斯敦之间每周双向各开航一艘轮船。1956 年 4 月到 12 月，泛大西洋轮船公司完成了 44 个航次。

“理想 X 号”载着 33 个铝制集装箱的首航，是现代集装箱的萌芽。这次首航之所以与众不同，是因为它实现了麦克莱恩设计思想：“不能再雇用码头工人来装卸这些集装箱。最重要的是，这些为泛大西洋轮船公司设计的集装箱，要便于在轮船、卡车和火车之间转移。”

同时，它的成本比传统装卸方式降低了 97.3%。

★ 1957 年 10 月，纯集装箱船“城市之门”号首航

作为商人，初尝甜头的麦克莱恩决定进一步改进全新的集装箱运输方式。为了提高每艘船的装载量，他摒弃了“理想 X 号”油轮，开始改装 C-2 型货轮。为此，麦克莱恩的专家在货轮的船舱里设计了槽格(这一方法沿用至今)。当这些格槽造好并安装到舱内之后，C-2 型轮船就具备了运载 226 个集装箱的能力，装载量几乎是“理想 X 号”的 4 倍。

1957 年 10 月 4 日，经过 C-2 型轮船改装的世界第一艘全集装箱船——“城市之门号”(Gateway City)，在泛大西洋轮船公司投入休斯敦—迈阿密—纽瓦克航线运营。

纯集装箱船“城市之门号”首航是集装箱这种先进的运输方式从传统的件杂货运输中脱离出来的第一步，由此开创了集装箱运输的新纪元。

集装箱的高效率，只有单独组织，才能充分体现。这就犹如坦克诞生一样，只有把坦克组成装甲集团军，而不是和步兵混着一起，它才能发挥最大的威力。

★ 1959 年 1 月，专用岸边集装箱起重机首次安装

发明制造与集装箱装卸船配套的专用起重机并不是麦克莱恩的功劳。

从20世纪50年代开始的集装箱革命，并不是麦克莱恩一个人在奋斗。麦克莱恩在美国的东海岸——大西洋里努力，而在美国西海岸——太平洋里，有一家名叫麦特森的公司在1958年也开始了集装箱航运。

这家公司的专家——莱斯利·哈兰德（Leslie Harlander）和唐纳德·哈兰德(Donald Harlander)设计了世界第一台岸边集装箱起重机(俗称桥吊)。

这是一台高达113英尺(34米)的庞大怪物，由两个A字形支架和夹在中间的水平吊臂组成。支架间距34英尺，水平吊臂长95英尺，足以横跨整个船身，吊臂后端为压重物。吊车四个支腿安装车轮，可以沿着码头铁轨移动。

这一起重机于1959年1月9日安装在旧金山湾东边的阿拉米达码头。用这个机重机每3分钟就可以装卸一个重达4万磅(约18吨)的集装箱。平均劳动生产率是一班码头工人使用船上起重机时的40倍以上。

1960年，洛杉矶和休斯敦的码头上也安装了这种新型集装箱起重机。

集装箱专用桥吊的诞生，是集装箱专业化、独立化发展的重要一步。桥吊配合集装箱，奠定了集装箱高效率、低成本的核心优势。

1956—1960年，航运业中人人都在谈论集装箱。然而，谈论远远多于行动。除了麦特森公司以及泛大西洋轮船公司(此时已更名为海陆联运公司)，再就没有几家轮船公司真正把集装箱用于实际运营了。

★ 1961年初，海陆联运公司集装箱业务盈利

1960年初，泛大西洋轮船公司更名为海陆联运公司。1961年，海陆联运公司走过了6个年头的集装箱业务终于有了盈余。

1962年年底，海陆联运公司拥有7848个集装箱、4876架底盘和386辆牵引车。

到了1965年年底，它已经拥有了13535个集装箱和15艘集装箱船，可以停靠15个港口。在新泽西州伊丽莎白港的新办公大楼里，可以清

楚地望见它的新码头，它也是世界上第一座专门建造的集装箱货运码头。

★ 1963年1月，麦克莱恩放弃角件专利，ISO集装箱标准确立

集装箱的标准化也是被逼出来的。世界上任何事情都是这样，不逼到一定的程度，没有人去解决问题。

我们知道，原始的集装箱大小不一，结构各异。在欧洲，较小的集装箱是用叉车来搬运的；有些小集装箱的顶部有金属环，码头工人或铁路工人可以把起重机的吊钩挂在这些环上。

麦克莱恩试运现代集装箱的时候，为了解决"不能再雇用码头工人来装卸这些集装箱"，发明了一套后来称之为角件的装置。

具体是这样的：麦克莱恩的集装箱在各个角上都有钢制装置，它们被焊接在角柱上，两侧底部或顶部的钢梁上或者是横跨前端或后端的钢制横梁上。这些箱角装置上铸有椭圆形的小孔，通过这些小孔，集装箱可以被吊起、被锁定到底盘上或者被彼此连接起来。这些铸件制造简单，在1961年它们的成本大约是每件5美元。

问题出在与小孔配套的提升和锁定装置上。

第一个想到办法的是麦克莱恩的泛大西洋轮船公司。他们的装置是扭锁(图2-1)，它使用了两个圆锥形的部件。这两个部件可以滑进箱角装置上的椭圆形小孔中并自动锁定；另外，只要搬动一个把手，一个双头的部件就可以牢牢地把两个集装箱连接在一起(图2-2)。

麦克莱恩为扭锁申请了专利。

于是，其他的轮船公司和拖车制造商只好去开发他们自己的提升和锁定装置。

这样，一家运输公司的集装箱往往不适合装在另一家的轮船或火车车厢上。

本来，这种事也没有什么人来操心。只有一个部门，五花八门的集装箱给它造成了麻烦。这个部门就是美国的联邦海事管理局。

图 2-1　扭锁(单位:毫米)

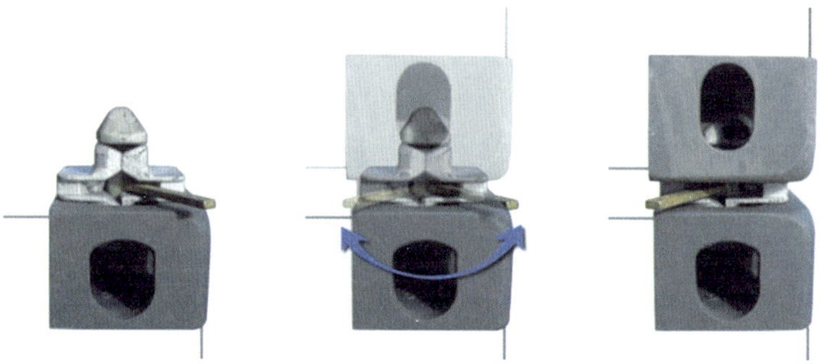

图 2-2　扭锁工作原理

美国的联邦海事管理局是一个不引人注意的政府机构,但他们却把持着控制海运业的巨大权力。联邦海事管理局及其兄弟机构联邦海事委员会负责发放造船补贴,也负责向跑国际航线的美国轮船发放运营补贴,执行"美国政府的货物应该由挂美国旗的船只来运送""只有美国公司所有且雇用美国船员的美国轮船才能在美国的各港口间运送货物"等法律。

但是,新兴的各种各样的集装箱却给权力巨大的联邦海事管理局带来了麻烦:如果一家轮船公司拿了联邦海事管理局的钱,造了一艘只适合于运送其独有的集装箱的船,然后该公司又破产了,那么联邦海事管理局收回这艘作为抵押的轮船时,就会发现这艘船别的公司都没法用,也就再没有别的公司愿意购买这艘船了。

形势逼人:有好几家轮船公司正在申请补贴,要建造运载集装箱的轮船；如果标准不能很快地制定出来，那么这些公司很可能会各行其是。

于是，在1958年6月联邦海事管理局指派了两个专家委员会，一个负责推荐集装箱尺寸的标准，另一个负责研究集装箱的构造。

泛大西洋轮船公司和麦特森公司都无意获取政府的建造补贴，所以这两家在当时真正运营集装箱船的公司，根本就没有被邀请参与这个制定行业标准的过程，尽管这个行业是他们开创的。

各家都有各家的利益，争吵立刻就爆发了。经过了多次的争论之后，负责尺寸的委员会同意定义一“组”可接受的集装箱尺寸，而不是仅有一个尺寸。

首先定下来的集装箱的宽度。通过投票表决，这个委员会一致同意集装箱的标准宽度应该是8英尺。

联邦海事管理局指派的另一个委员会负责集装箱的构造，他们的首要任务是定义集装箱的最大总重。集装箱满载时的最大总重(限重)至关重要，因为它将是制造集装箱和集装箱起重机的重要参数。

委员们会一致同意每一个集装箱都应该能够承受上面5个装满货物的集装箱的重量，并且这个重量应该落在角柱上而不是箱壁上。

在联邦海事管理局指派的这两个委员忙得不亦乐乎的时候，通常是为私有企业制定标准的美国标准协会(ASC)也在1958年7月成立了第5物料搬运行业委员会，相关的各方都称之为MH-5开始研究集装箱标准。

MH-5负责尺寸的小组委员会很快就达成一致意见，认为所有被采用或将要被采用的长度对(12英尺和24英尺、17英尺和35英尺、20英尺和40英尺)都将被视为“标准”。

联邦海事管理局赞成MH-5的长度标准，他们急于确定标准，是标准就行。

与此同时，又有一个参与者也开始插手集装箱标准了。代表美国军用物资运输企业的国防运输协会决定，他们也将研究集装箱的尺寸。到了1959年夏末，各方一致同意“标准的”集装箱长20英尺或40英尺，宽和高都是8英尺。其他长度、高度，都不会被美国军方的货运所接受。

1961年4月14日，长度为10英尺、20英尺、30英尺和40英尺的集装箱被宣布为唯一“标准”的集装箱。

联邦海事委员会紧跟着就宣布，只有面向这些尺寸设计的集装箱船才能够得到造船补贴。

在美国的敦促下，当时只有 17 个成员方的国际标准化组织（ISO）同意研究集装箱。

1961 年 9 月，来自 11 个国家的代表以及来自另外 15 个国家的观察员齐聚纽约，开始为集装箱制定国际标准。

集装箱尺寸之争已经在美国持续了 3 年，此时这一幕又在国际上重演了。

在集装箱的尺寸方面，美国已经通过的标准尺寸是 8 英尺宽、8 英尺高以及 10 英尺、20 英尺、30 英尺或 40 英尺长。1964 年，这些尺寸被正式采纳为 ISO 的标准。

作为两家最重要的集装箱船经营者，海陆联运公司（以前的泛大西洋轮船公司）和麦特森公司的集装箱没有一个符合新的“标准”尺寸。

在集装箱的重量和构造方面，1961 年 MH-5 的一个特别工作组试图拿出一个兼容现有各种箱角装置的新设计，但没有成功。

特别工作组的主席恰好是基思·坦特林格，1955 年，正是他在为马尔科姆·麦克莱恩工作时，设计出了海陆联运公司的箱角装置——角件＋扭锁的组合。

1962 年，各方又举行了多次会议，但一直未能打破僵局。担任 MH-5 委员会秘书的工程师弗雷德·马勒提出了一个想法：既然海陆联运公司的箱角装置（角件＋扭锁组合）在世界最大的集装箱运输船队中表现非常出色，或许他们会愿意放弃该装置的专利权。

坦特林格与麦克莱恩面谈了此事。没想到，麦克莱恩清楚地认识到，普及的技术会刺激集装箱运输的增长。1963 年 1 月 29 日，海陆联运公司放弃了他们的专利，以便 MH-5 的委员会能够以它们为基础确立标准的箱角装置。

1965 年 9 月 24 日，ISO 的代表正式批准把美国的设计作为箱角装置的国际标准。至此，ISO 集装箱标准（尺寸、限重、箱角装置）基本完备。

1965 年，货物运输的新时代终于要到来了。原则上，各大运输公司将很快就能装卸彼此的集装箱。

集装箱租赁公司开始信心十足地投入巨资购买大量的集装箱。全球几乎所有的主要轮船公司都在购买“兼容的集装箱”。整个“标准”集装箱运输行业很快膨胀起来。

麦克莱恩放弃集装箱角装置的专利，为集装箱的大发展扫清了最大障碍。麦克莱恩作为集装箱之父的远见和心胸，值得后人尊敬和学习。

2001 年 5 月 30 日，在为他举行葬礼的那个上午，全世界的集装箱船都拉响了汽笛来表示哀悼和怀念。

知道了集装箱的标准，我们可以介绍一下集装箱的计量单位了。通常情况下，每一个独立实体的集装箱叫作一个“自然箱”，有一个算一个。

集装箱长度不一，为简单方便，集装箱的统计单位叫标准集装箱 TEU（Twentyfoot Equivalent Unit），简称标箱，是以长度为 20 英尺的集装箱为标准，40 英尺集装箱折算成 2 个标箱。

★ 1966 年 4 月，“仙境号”集装箱船首航欧洲，洲际国际定期集装箱航线确立

“理想 X 号”和“夏威夷商人号”只是集装箱潜力的小小证明。1957 年的“门户之城号”和 1960 年的“夏威夷平民号”非常有说服力地例证：一旦采用了专用的轮船和设备，集装箱航运的效率非常高。

尽管如此，在集装箱登上舞台 6 年后的 1962 年，它仍旧还是一个非常弱小的行业。

在美国东部，集装箱航运在流经纽约港的所有普通货物中占到了 8%，并且都是在美国国内运输。在西海岸，用集装箱装运的普通货物吨数仅占微不足道的 2%。大多数货物仍旧沿用几十年来的传统方式，货物装在木箱、纸箱里，又用人力装在卡车车厢里、火车车皮里、件杂货散货船的货舱里。集装箱的经济影响几乎为零。

1966 年 4 月 23 日，海陆联运公司的“仙境号”（Fairland）集装箱船，

装载着 236 个集装箱，从美国纽瓦克伊丽莎白港出发，同年 5 月 3 日抵达荷兰鹿特丹港，5 月 6 日抵达德国不来梅。

这是现代集装箱运输发展 10 年来，第一次实现洲际国际航行。世界集装箱运输由此兴起。

1966 年春天，还只有 3 家轮船公司在提供从美国出发的国际集装箱业务。到了 1967 年 6 月，突然之间向欧洲、亚洲甚至拉丁美洲提供集装箱业务的公司达到了 60 家。1967 年下半年，跨越大西洋的集装箱超过了 5 万个，运送了 50 万吨的货物。从此，集装箱运输对世界经济产生了巨大影响。到 1967 年，有 12 家美国航运公司开始订造纯集装箱船，在建集装箱船多达 64 艘。仅在 1968 年就建成了 18 艘，其中 10 艘达到 1000 标箱的装载量，这在当时属于大型货轮。

赫伯罗特船公司（Hapag-Lloyd）是欧洲最早开展集装箱航运的企业，具体介绍见附件。

在欧洲，逐步成长起来的集装箱航运公司还有丹麦的马士基航运公司（Maersk Lines）、英国和荷兰的铁行渣华有限公司（P&O Nedlloyd）、地中海航运公司（Mediterranean Shipping Company）、达飞海运公司，具体介绍见附件。

在美国，除了马尔科姆·麦克莱恩创立的海陆联运公司，成长起来的集装箱航运公司有美国总统轮船公司（APL）和美国轮船公司（United States Lines），具体介绍见附件。

★ 1967 年，集装箱在越南战争中解决了后勤问题

1965 年冬天，美国政府开始快速地在越南集结部队。

1967 年 11 月，金兰湾港迎来第一艘集装箱船。海陆联运公司 7 艘集装箱船所运送的货物量，相当于 20 艘传统轮船的运量。

集装箱方式解决了越南战争中美军后勤混乱的问题——“港口拥堵问题已经解决了”，改变了当时还普遍存在地对集装箱的怀疑态度，人们终于不得不认可集装箱了。

★ 1968 年，第二代集装箱船开始大量制造

1964 年，集装箱航运为海陆联运公司创造了 9400 万美元的收入，这让该业务看起来具有足够的生存能力，但它仅仅是一项夹缝中的小业务。

当时，大多数的制造商、批发商和零售商运送其商品的方式几乎没有改变。然而在幕后，集装箱革命的先决条件正日趋成熟。

首先，关于集装箱尺寸和吊运方法的国际标准已经确立；其次，专门针对集装箱作业而设计的码头正在建设中；第三，制造商（货主们）已经学会了重新布置他们的工厂，知道集装箱运输可以节约成本；第四，铁路公司、卡车运输公司以及货运代理已经熟悉了拖车和集装箱的转运，可以非常顺畅地“联运”货物，“门到门”服务，一票到底；第五，政府管理部门也开始鼓励不同运输方式之间的竞争，鼓励使用集装箱。

最后，只缺一个至关重要的因素：轮船。

这些新造的集装箱船称为第二代集装箱船。第二代集装箱船与第一代改装的集装箱船完全不同。这些轮船从一开始就是为了流畅地与码头上的集装箱起重机配合而设计的纯集装箱船。它们体积大、速度快，价格也非常昂贵。

到 1969 年年底，这些新的集装箱船有 16 艘已经下水，还有 50 艘正在建造中。

第二代集装箱船中的第一艘是美国轮船公司的“美国枪骑兵号”。美国轮船公司是海陆联运公司在北大西洋上最大的竞争对手。

1968 年 5 月，“美国枪骑兵号”从纽瓦克出发进行了它的首次航行，先后停靠了鹿特丹、伦敦和汉堡。在当时，这艘轮船要比已下水的任何其他集装箱船都大得多。它能以 23 节的航速运载 1 210 个 20 英尺的集装箱，这个航速是海陆联运公司那些改造船的 1.5 倍。

1968 年 8 月，美国轮船公司向联邦海事管理局申请一笔 9 500 万美元的补贴，想要再建造 6 艘这样的庞然大物。美国、欧洲和日本的其他轮船公司也在赶着下订单。

区别于第一代用C-2型货轮改造的纯集装箱船，新型的第二代集装箱船的出现是现代集装箱运输脱离传统件杂货海运的标志性事件。自此以后，集装箱运输的优势充分发挥，造就了世界上从来没有过的、独立的、高效的、廉价的货运系统。

★ 1967年，集装箱船首次航行亚洲

集装箱繁荣的第一阶段完全发生在北大西洋，第二阶段则发生在太平洋。

1967年9月，与日本轮船公司合作的麦特森公司开航了第一艘从日本出发的纯集装箱船。在熟悉了这个行业之后，日本人很快就把麦特森公司甩在了后面，并在1968年9月启动了自己的到加利福尼亚的集装箱业务。

当时，海陆联运公司的集装箱船要从越南返回美国，为了赚取额外的收入，他们在1968年10月开始绕道日本的横滨和神户，从那里运载装上了货物的集装箱回美国。

1967年，日本的海上出口量是2 710万吨；由于在1968年后期集装箱运输开始了，所以当年的海上出口量增长到了3 030万吨；而在1969年，通往加利福尼亚的集装箱业务经历了第一个整年，日本的海上出口量就猛增到了4 060万吨。仅在1969年这一年，日本对美国的出口额就急剧增长了21%。

到了1970年年底，日本的轮船公司在日本的造船厂中订购或在建的轮船已经不少于158艘。

在集装箱航运上，日本成长起来的有日本邮船株式会社（Nippon Yusen Kaisha，NYK）等公司，具体介绍见附件。

纯集装箱船第一次到访中国香港是在1969年7月，当时香港的集装箱站场甚至还没有竣工。

在通过填海造出一座集装箱港口之前，中国香港航运也非常原始，远洋轮船都要在港口外很远的海面上抛锚停泊，再由一些小船往返于这些轮船和陆地之间搬运进出口的货物。新的站场建成后，集装箱船直接

从码头装货，这让中国香港的服装、塑料制品以及小型电子产品等货物的年出口量，从1970年的300万吨增长到了1972年的380万吨；对外贸易额增长了35%。

在中国香港，成长起来了著名的东方海外集装箱航运公司（Orient Overseas Container Lines，OOCL），具体介绍见附件。

1970年，随着海陆联运公司开通了到韩国的集装箱业务，麦特森公司也开始每隔两周到访一次菲律宾，以及我国的香港和台湾。跨太平洋航线上运载集装箱的轮船达到了73艘，运载能力将近25万标箱。

韩国的海上出口量在1969年是290万吨，在1973年则达到了600万吨。在这几年里，由于更低的航运成本，让韩国的服装在美国的市场上更有竞争力，所以韩国对美国的出口增长了两倍。在韩国，成长起来了著名的韩进海运公司（Hanjin Shipping），具体介绍见附件。

在中国台湾，成长起来了著名的长荣海运公司（Evergreen Marine Corp，EMC），具体介绍见附件。

1978年，世界最大的集装箱市场启动了。

1978年9月，开辟了中国内地第一条集装箱班轮航线，中国—澳大利亚国际集装箱班轮运输航线。

在中国内地，中国远洋运输（集团）公司（简称中远或中远集团）和中国海运（集团）总公司（简称中国海运）逐渐成长、壮大，成为世界级的航运企业。

2015年12月，国务院批复同意中远集团与中国海运实施重组，2016年2月18日重组后新的中国远洋海运集团有限公司（具体介绍见附件）在上海正式成立。这次重组整合实现了中远集团与中国海运的强强联合、优势互补，资产规模及行业领军地位均得到了长足的提升和巩固，全球化市场将不断扩张，国际化竞争能力和综合竞争实力将显著增强，也标志着中国航运业新篇章的开启。

★ 1977年，集装箱船首次航行非洲

1977年，集装箱航运的发展写下了划时代的一笔。

集装箱船开始服务于南非与欧洲之间，这是最后一条仍旧由散件货轮承运的重要海上航线。

完成这个历史使命的是萨非航运有限公司（Safmarine Container Lines N. V.），具体介绍见附件。

★ 1986年，集装箱之父麦克莱恩经营的美国轮船公司破产

1969年1月10日，一条意想不到的消息震动了航运界：集装箱航运之父麦克莱恩正在出售海陆联运公司！

1966年年初，集装箱航运还是一个新生产业。只有海陆联运和麦特森这两家轮船公司在运营集装箱。

然而3年时间过去了，世界已经改变。1968年，每周有相当于3 400个20英尺集装箱的进出口货物流经美国的港口，而在1965年这个数字还是零。鹿特丹、不来梅、安特卫普、格拉斯哥、蒙特利尔、横滨、神户、西贡以及金兰湾，这些地方都具备了操作集装箱的现代化设施。

麦克莱恩的海陆联运公司拥有31艘集装箱船，这让他们理所当然地成了全球最大的集装箱经营者。随着他们向越南、西欧以及日本的扩张，他们的营业收入从1965年的1.02亿美元迅速增长到了1968年的2.27亿美元。

集装箱航运已经变成了一个热闹的行业，也是一个非常昂贵的行业。1968年年底，海陆联运公司的债务达到了1.01亿美元。1969年，海陆联运公司打算再花3 900万美元购入6艘改造过的轮船，同时还要花3 200万美元添置配套的集装箱和设备。

这些财务需求越演越烈，像军备竞赛一样的航运竞赛已经开始了。

第一代集装箱船都是改装的，几乎没有让轮船公司付出什么成本。第二代集装箱船与第一代完全不同，这些轮船从一开始就是为了方便与码头上的集装箱起重机配合而设计的。它们体积大、速度快，价格也非常昂贵。

新集装箱船的大量建造改变了全球的商船队。1968—1975年，有不

下 406 艘集装箱船投入了使用。这些新集装箱船大多数都比 1967 年使用的集装箱船至少大一倍。除了这些纯集装箱船，轮船公司还添置了 200 多艘半集装箱船以及大约 300 艘滚装船。

随着这近千艘新集装箱船的加入，集装箱航运渐渐进入了全盛期。在那些货运量最大的国际航线上，运载能力从 1968 年到 1974 年增长了 14 倍。在美国与北欧之间，1966 年之前只有少量的小集装箱在流通，而到了 1974 年，这条航线上新增加的轮船每年可以运载将近 100 万个集装箱。日本与美国东海岸之间的集装箱船航线在 1970 年才开通，而到了 1973 年，服务于这条航线的船只已经达到了 30 艘。

众所周知，最古老的经济规律：供不应求，价格上涨；供过于求，价格下跌。它就像万有引力定律一样颠扑不破。

尽管需求一直很强劲，但也不可能跟得上供给的这种爆炸性增长。结果，航运业就有了一次痛苦的价格战。

在远洋航运业，运力过剩本身不算什么新鲜事儿。受经济增长、关税和贸易限制的变化以及战争和禁运等政治因素的影响，货运量一向起伏不定。

在 20 世纪 50 年代和 60 年代，运力过剩，也不是什么大不了的事。此时的货船都是船主们在第二次世界大战后从军方买的，没有贷款，所以也不用支付贷款利息。他们的主要支出是运营成本，即货物处理费、码头使用费、船员的工资、燃料费等。如果生意不好，船主可以让船暂时停泊在港口里，这样大多数的成本就消失了。而整个市场的运力也就减少，重新达到平衡。

集装箱航运的经济规律完全不同。新集装箱船的船主们是贷款买船的，他们需要定期地偿还利息和本金。经营集装箱还必须有集装箱站场，要么偿还债务（如果是借钱建的），要么支付租金（如果是向港口租的）。这些固定成本占到了集装箱业务经营总成本的 3/4，不管有多少货物可运，集装箱班轮公司都必须支付这些成本。

仅仅因为货物太少就把一艘集装箱船停在港口不用，任何一家公司都负担不起的。所以，只要每次航行运载货物的收入足以支付运营成本，集装箱船就必须出海。为了每个航次多装一些货，船主们只能降价。

结果是你降我也降，价格像雪崩一样。1967 年早期，集装箱的运价降低了 10%。紧接着海运运价体系就崩溃。

在欧洲首尝螃蟹的赫伯罗特船公司连续三年亏损。美国轮船公司同时在大西洋和太平洋上运营，1970 年亏损了 1 400 万美元，而第二年亏损得更加严重。海陆联运公司也经历了一段困难时期，其利润从 1969 年的 3 900 万美元减少到了 1970 年的 2 100 万美元，而在 1971 年更是只有 1 200 万美元。

到了 1973 年，石油危机最终摧毁了航运业，世界经济陷入了衰退。工业生产崩溃了，贸易量也随之锐减。1975 年，全球的制造产品出口量自第二次世界大战结束以来首次减少了，海上贸易的贸易额也减少了 6%。尽管货源减少了，造船厂却停不下来，依然在交付早就预定的新集装箱船。真是雪上加霜!

1980 年，雷诺兹公司最终接受了 8 艘 SL-7 型集装箱船造成的 1.5 亿美元亏损，把这些服役不到 8 年的大家伙卖给了美国海军。雷诺兹公司血的教训说明：集装箱航运是资本密集型的、周期性的行业。

麦克莱恩在 1975 年卖掉了自己的股份，并在 1977 年安静地离开了雷诺兹公司的董事会。此时，他心里已经有了新目标。他的新目标是美国轮船公司。

美国轮船公司曾经是美国最大的邮轮轮船公司，一直以客运为主。20 世纪 70 年代，美国轮船公司一直在亏损。

麦克莱恩用 1.6 亿美元的投资换到了很多东西：30 艘轮船、5 000 万美元的现金、斯塔滕岛上一座巨大的新站场以及一个通往欧洲和亚洲的重要的航线网络。

1978 年，当他的新轮船公司勉强可以维持非常微薄的利润时，麦克莱恩提出自己的大胆计划。

在航运业，有一个与生俱来的难题：货运流量不平衡。因此，有些轮船只好在航线的一个方向上满载航行，而在另一个方向上半空着航行。

麦克莱恩计划建造一个庞大的集装箱船队(这些纯集装箱船的体积要比当时最大的商船还大一半)，并让它们环绕地球航行，来解决货流不平衡的问题。更大的轮船可以降低运载每个集装箱的单位成本；更大的港口在配备了更大的起重机之后，就可以降低装卸每艘船的单位成本。这样就形成了一个良性循环：更低的单位成本可以实行更低的运价，更低的运价则可以吸引到更多的货物，而更多的货物又会激励更多的资金来进一步降低单位成本。这就是规模效益！

1976—1979 年，海上运输业者为他们的船队补充了 272 艘集装箱船。20 世纪 70 年代，全球范围内的集装箱海运能力增长了 4 倍，每年增加超过 20%。集装箱船的总载货能力在 1970 年是 190 万吨，在 1980 年则达到了 1 000 万吨。规模经济如此清晰、如此重要，轮船还在变得越来越大。

1982 年，美国轮船公司订购了 14 艘庞大的集装箱船。每艘新轮船可以运载 4 482 个 20 英尺的集装箱。

麦克莱恩把他的这些新船称为“经济型”(Econship)，因为它们的油耗经济划算，而且它们的庞大尺寸也带来了规模经济，这些会让分摊到每一个集装箱上的成本降到最低。购买这些船花掉了 5.7 亿美元。

但是，这些新业务的盈利能力却不那么确定。

1984 年和 1985 年，当美国轮船公司启动了环球服务时，集装箱航运业的状况甚至变得更加糟糕了。新的运载能力涌入了市场。从 1983 年 4 月到 1984 年 4 月，北太平洋地区的集装箱装运输能力增长了 20%，这让从北美开往日本的轮船几乎都是半空着的。为了争夺市场份额，运输业者普遍采取了降低运价的行动。

最终，石油危机的灾难降临了。油价在 1985 年暴跌到了 14 美元。美国轮船公司缓慢、节油的集装箱船一下子变得不适合于市场了，而中东的石油产油国再也无力负担高昂的进口产品了，这就让那些“经济型”集装箱船失去了货源。

情况恶化，欧洲的港口开始要求他们预付现金，否则就不允许他们的船进港装货。各债权人也纷纷开始催还款。

1986 年 11 月，美国轮船公司被迫申请破产保护，1988 年 5 月重组失败，1992 年破产清算。

美国轮船公司破产是美国历史上规模最大也最复杂混乱的破产案之一。麦克莱恩的股权都用来还债了，他和他担任副总裁的儿子小马尔科姆·麦克莱恩都被清出了管理层。数千人因此失去了工作。

马尔科姆一直没能摆脱美国轮船公司破产的阴影。他开始深居简出，躲避着记者以及公众的视线。

1991 年，也就是美国轮船公司破产 5 年后，无所事事、77 岁的麦克莱恩再次出山，又创立了一家航运公司，也没有多大作为。

英雄一世，郁郁而终。2001 年 5 月 25 日，麦克莱恩不幸离世，享年 87 岁。

尽管美国轮船公司的破产对麦克莱恩来说是一场灾难，但他所创建的集装箱航运事业来说，却根本算不上什么挫折。

世界集装箱航运业正在稳步变成一个非常庞大的行业。随着集装箱航运的发展，运送每一集装箱货物的成本正在稳步下降。运货越来越便宜！

正如赫伯罗特轮船公司的总裁卡尔·海因茨·扎格尔后来评论时说，长达 10 年的价格战“让船主蒙受了巨大的损失，但从另一方面来说，价格战给发货人带来了巨大的好处。”

新的集装箱技术正在广泛普及，并且很快深深地融合到世界经济当中。当集装箱显著地改变发货人的成本的时候，它改变了世界经济。

第三章　现代集装箱来到中国的诸多第一次

在中国，最早实际接触现代集装箱的是外贸行业，时间是1974年。这一年，距离日本开出亚洲第一个航次的纯集装箱船（1967年）已经过去了7年，距离集装箱船首次航行非洲（1977年）还有3年。

★ 20世纪60年代初，国际集装箱运输新理念引入中国

20世纪60年代初，我国交通科技人员，在赴欧洲考察时，特别注意到国际化集装箱运输。1964年交通部情报所汇编的《五国港口考察资料》的“港口装卸工艺”篇中，第一次对国际集装箱运输做了介绍，把国际集装箱运输新理念引入我国。

上海海事大学教授刘鼎铭（《人民日报》1996年7月17日《学者写真》专栏誉为“中国集装箱运输的第一人”）在1973年秋天编写了介绍集装箱运输的图书。该书出版过程中历经波折，终于于1980年出版了《国外海上集装箱运输发展概论》一书。

★ 1971年，中国铁路第一次接触国际标准集装箱

20世纪50年代，中国参加了铁路联运的政府间组织——“铁组”。

1971年10月18—22日，在铁组委员会第三专门委员会例会上，匈牙利、民主德国、波兰、捷克斯洛伐克汇报了四国铁路开展国际标准集装箱联运的情况。

当时，中国铁路驻华沙人员，将其中审核过境运费的方案报回国内，使中国铁路的管理层第一次接触到了现代意义上的20英尺、40英尺集装箱。

对铁组运送国际标准集装箱的建议，中国铁路迟迟未予答复。铁路自己回顾其原因有三：一是当时国内对欧洲内陆进出口货物不多，紧迫感不大。二是当时我国铁路20吨起重能力以上的起重机极少，接运装卸能力太低。三是当时我国集装箱运输管理薄弱。

实际上，只有极少量国际标准箱按货物包装进行了接运。

★ 1974年11月，“三不政策”捎运国际20英尺集装箱

1974年，美国、加拿大等西方国家集装箱航运如火如荼，许多港口已经开始拒绝接受非集装箱装运的货物。我国交通部、外贸部协同先在天津港，后在上海港、青岛港，利用外国杂货班轮，开始进行20英尺国际标准箱的试运。

外贸部下属的国营单位——中国外运总公司（以下简称外运公司）利用外国散货轮捎来空箱，由船吊卸到码头外运公司的拖车上，转到外运公司仓库装箱，装好后又拖回船边，经过船吊装到船上。每次捎运5个集装箱，主要去往美国、加拿大等国港口。

这种操作方式，对港口来说，整个过程没有涉及岸上的装卸机械，不拆箱、不装箱、不倒箱，即所谓的“三不”。

现代集装箱就这样来到中国内地的。

★ 1975年，中国内地第一次试制现代国际标准集装箱

1975年，中国内地试制现代国际标准集装箱。当时我国外贸出口部门获得一份外贸合同，内容是向美国出口青岛啤酒，合同条款中规定必须采用现代国际标准集装箱运输。

当时，国内没有任何设计和制造国际标准集装箱经验。国务院领导决定由交通部组织其下属的交通部水运科学研究院进行研制。选用的箱型为ISO1c型钢制干货集装箱。

当时，内地没有任何专业的集装箱生产厂，几经考察，选定江苏省江阴轴承厂进行加工和组装。该工厂除了两台压力机外，没有任何专业设

备，大量杆件的成型基本靠外协加工，各部件的焊接也是在该厂自制的简单胎具上完成的。最后，在一个露天的场地上对首台样箱进行了组装。总算生产出来的样箱送到了上海港机厂按照 ISO 1496-1 的规定进行全套实验，由国家船舶检验局派出的验船师监督，通过了各项实验。

样箱是出来了，但批量生产根本不可能，一是太慢，二是成本太高。最后，中远不得不向日本（东急车辆制造株式会社）订购了所需的集装箱。

★ 1977 年，首次全国性公路集装箱运输工作会议召开

1977 年 7 月 22 日，交通部首次在蚌埠召开“全国公路集装箱运输工作座谈会”，有 17 个省、自治区、直辖市的代表参加。会上交流了各地初步开展集装箱运输的经验和做法，研究了公路集装箱运输的经营管理体制问题。这次会议对推动公路集装箱运输的发展起到了重要作用。

★ 1977 年 12 月，交通部汽车运输总公司天津分公司成立全国第一支集装箱专业车队

1977 年 12 月，交通部汽车运输总公司天津分公司（原交通部天津大型车队）通过技术改造，改制为我国第一座国际集装箱公路中转站，内设集装箱堆场、拆装箱仓库，配备大型装卸机械等设施。经交通部批准，成立了我国第一支国际集装箱运输专业车队。

★ 1978 年 8 月，中国第一个国家集装箱标准发布

1976 年 1 月，国家标准总局正式宣布“集装箱标准化联合工作组”成立。铁道部为组长单位，交通部为副组长单位，由外贸、商业、一机、六机等部以及上海、北京等有关单位参加，负责研究制定集装箱国家标准。1976 年 2 月，集装箱标准化联合工作组在北京召开了第一次工作会议，会上讨论并提出了我国集装箱重量和尺寸系列的初步方案，会后分发到全国各有关部门与单位广泛征求意见。

1978年8月15日，我国第一个集装箱国家标准《货物集装箱外部尺寸和重量系列》(GB 1413—78)，由集装箱标准化联合工作组提出，经国家标准总局审批后正式颁布执行。从此，我国开始有了集装箱的统一规格尺寸，并为制定其他集装箱的相关标准奠定了基础。

1979年12月，在起草《集装箱名词术语》国家标准时，关于集装箱名称的问题争论得很激烈。很多人主张使用“货箱”或“货柜”。而20世纪五六十年代铁路学习苏联时，就译为“集装箱”，最后，这一名称得以沿用。

★ 1978年9月，第一条国际集装箱班轮“平乡城”轮首航

1978年9月26日，我国的第一艘国际集装箱班轮——“平乡城”轮装载着162个集装箱首航开赴澳大利亚悉尼港。

这一刻开启了我国远洋运输业从传统的杂货运输方式，走向现代集装箱运输方式的新时代。“平乡城”轮首航，结束了我国没有国际集装箱运输班轮航线的历史。

“平乡城”轮是中远上海远洋公司1977年12月购买的第一艘半集装箱船，是一艘二手船。1969年由联邦德国制造，装运162标箱，船总长117.70米，型宽18.00米，型深10.00米，最大高度37.50米。

★ 1978年，交通部首次按国际通行做法制定《国际航线集装箱港口收费暂行规定》

1976年9月，交通部曾以《国际航线集装箱运输港口收费暂行规定》(〔76〕交水运字852号)发文规定，港口装卸集装箱的码头收费按件杂货的收费标准计算，这是一种临时性的收费办法。

1978年10月1日，交通部以《国际航线集装箱运输港口收费暂行规定》(〔78〕交港字1618号)，参照国际上通行的集装箱码头收费办法，制定并颁布了我国第一个国际航线集装箱港口费收规定，为我国港口集装

箱码头的收费办法与国际接轨走出第一步。

直到1992年4月1日，《关于统一国际航线船舶及外贸进出口货物港口费率的通知》发布，外轮和国轮按箱统一标准收费。

★ 1979年9月，首台集装箱装卸桥吊投入运用

1979年9月，我国第一台由上海港机厂和交通部水运科学研究所联合开发的起重量40吨集装箱装卸桥吊配备在天津港21号泊位。

如今，振华港机已经是世界领先的港口装卸机械制造企业，振华港机旗下产品已经占据世界集装箱起重机市场80%以上的份额。振华港机品牌的1650余台岸桥(起重机)已进入世界71个国家和地区的120余座港口。

★ 20世纪70年代末，最早的四家集装箱厂成立

20世纪70年代末至80年代初，我国的华南和华东地区开始和海外集装箱生产厂商谈判引进生产技术和全套设备，先后建设了4个集装箱生产工厂。

按照投产的先后顺序是：广州船厂集装箱分厂、广东大旺华侨集装箱厂、中国国际海运集装箱股份有限公司和上海船厂集装箱厂。

1979年，国际大租箱公司CTI公司(现在已经不存在)宣布将集装箱的一份大订单交给中国的广州船厂，而当时并没有人知道广州船厂也能制造集装箱，此消息甚至震惊了集装箱业。

如今，中国国际海运集装箱股份有限公司已经成为世界上最大的集装箱制造企业。

★ 1980年3月，全国集装箱标准化技术委员会成立

1980年3月28日，全国集装箱标准化技术委员会在北京成立。委员会以铁道部为主任委员单位，交通部和商业部为副主任委员单位，由

铁道、交通、商业、民航、物资、机械、经贸、中国船舶工业总公司等 22 个成员单位组成，计 27 名委员，外加联络秘书 1 名(国家标准总局)。委员会下设秘书处，秘书处设在铁道部标准计量研究所。

从此，我国集装箱标准化工作开始在全国集装箱标准化技术委员会统一组织下，制定和修订了一系列集装箱国家标准，并定期组织参加集装箱国际标准会议等活动。

1978 年 9 月，我国以积极成员(P 成员)的身份参加了国际标准化组织(ISO/TC104)集装箱技术委员会。

1980 年 2 月，由交通部派代表组成中国代表团，第一次参加在瑞典斯德哥尔摩召开的(ISO/TC104)集装箱技术委员会第 10 次分会会议。

★ 1981 年，中国铁路开始以铁路国际联运方式接运国际标准集装箱

1981 年 3 月 10 日，铁道部外事局颁发《关于用大型集装箱装货试办国际铁路联运问题》(〔81〕外联字 23 号)的文件。决定先在北京、沈阳、济南、上海等 11 个铁路局的东郊、辽阳、青岛、中华门、江岸、西安西等 17 个车站办理 20 英尺集装箱运输业务，并规定其运输条件比照包装箱，按整车货物办理。

1982 年 9 月，铁道部颁发《关于公布大型集装箱运输货物的暂行规定的通知》(〔1982〕铁运字 1643 号)，第一次正式对铁路接运的国内、国外大型集装箱的运输管理、车站操作作出规定。

1983 年，铁路共运输了国际标准集装箱 2 100 标箱。

★ 1981 年 12 月，首座集装箱专用码头投入运用

1975 年，交通部决定在天津港建设我国沿海第一座集装箱专用码头。1978 年自行设计，开始建造。1981 年 12 月，天津港 21 号泊位建成。

该泊位全长 398 米，陆域纵深 400 米，水深 12 米。码头堆场面积 13 万平方米，拆装箱库 11 万平方米，配有装卸桥 2 台及轮胎式堆高机、

转运车、集卡拖车等。

这是我国第一座集装箱码头，实现了我国港口建设史上零的突破。

★ 1982 年，第一艘全集装箱船投入运营

中国内地首批全集装箱船“汾河”“青河”“唐河”轮是 1981 年由中远广州分公司在联邦德国购买的，1982 年建成后转交中远上海分公司运营。

第一艘全集装箱船“汾河”轮于 1982 年 8 月 13 日受载，启航开往荷兰鹿特丹港。

★ 1983 年，第一个全国性集装箱发展指导性文件发布

1982 年 12 月 20 日至 21 日，国家经委岳志坚副主任主持召开交通、铁道、外贸、商业、民航等单位参加的座谈会。会议除交流了有关情况和经验外，着重讨论了国家经委起草的《关于发展我国集装箱运输若干问题的规定》的文件稿。

1983 年 4 月，《关于发展集装箱运输的若干问题的规定》正式发布。

知识链接

关于发展我国集装箱运输若干问题的规定[失效][1]

发文单位：国家经委、国家计委

集装箱运输是交通运输现代化的重要组成部分，是对现行货运方式的一项重大改革。它对保证货物安全，节省包装费用，减少货损货差，提高运输效率和经济效益，加速货物及安全流通，具有重大作用。近几年来，我国集装箱运输发展较快，1982 年与 1978 年相比，沿海港口国际集装箱吞吐量增

① 注：本规定已被《国家经济贸易委员会关于废止有关文件的通知》（发布日期：1993 年 7 月 9 日 实施日期：1993 年 7 月 9 日）废止。

知识链接

长11倍;铁路集装箱运量增长7倍;沿海港口国际集装箱吞吐量中由汽车集散运输的,1982年达到84%。使用集装箱运输,可使港口装卸效率提高8倍,铁路车站装卸效率提高3倍。但是,目前我国集装箱运输的规模仍然很小,1982年国际集装箱运量只占外贸件杂货的7.8%,铁路集装箱运量只占零担货物的13.7%,很不适应工农业发展和对外贸易的需要。因此,加快发展集装箱运输已成为各级交通运输部门和有关单位非抓不可的重要工作。

为了开创集装箱运输的新局面,更好地为发展国民经济服务,要积极开展集装箱运输,逐步提高集装箱运输比重,到1990年使集装箱运输有个较大的发展。

在"六五"后三年,关键是抓好以下工作:

(1)建成上海、天津、黄埔三港现代化的集装箱专用码头及相适应的内陆运输配套设施;

(2)搞好天津、上海港和京沪线集装箱运输的试点;

(3)建成上海真如、北京广安门、沈阳、滨江、汉西、广州南等铁路车站大型集装箱货场,改建一批重点车站集装箱货场,新造一批集装箱专用货车;

(4)逐步开展上海至乌鲁木齐铁路直达、上海至武汉水运直达、上海经大连到哈尔滨的水路、铁路和公路集装箱联运;

(5)制订集装箱运输管理规章和制度。通过这些工作,总结经验,给"七五"发展打下良好基础。在"七五"期间,增加集装箱专用车船和加强配套设施的建设,把我国海、陆、空集装箱运输提高到新水平。

为了加快发展集装箱运输,特对以下若干问题作如下规定:

一、我国集装箱运输,首先要满足外贸进出口货物运输的需要。优先发展海运国际集装箱,适当开展铁路国际联运

知识链接

和陆桥运输；积极发展国内铁路集装箱运输，以铁路、江海水运为骨干，相应地发展公路及民航运输。大力开展一票到底门到门的联运，逐步在全国形成比较完善的集装箱运输体系。

二、集装箱箱型规格要标准化、系列化，五吨以上箱型要贯彻执行经交〔1983〕40号文件的规定，采用国家标准。近期要大、中、小结合，逐步发展大型集装箱。在发展通用箱的同时，采用多种形式发展专用箱。

三、与集装箱运输配套的铁路车辆、船舶、汽车、装卸搬运机械等设备以及适箱货物包装标准系列，应以国家标准箱型为基础，进行选型、设计和制造，并向标准化、系列化、专用化发展。集装箱专用车，应备有保证安全的紧固装置。机械工业部门要尽快研制并提供发展集装箱运输所需的专用汽车和装卸机械。

四、适箱货中的十二个品类：交电、仪器、小型机械、玻璃瓷器、工艺品、印刷品及纸张、医药、烟酒食品、日用品、化工品、针纺织品和小五金。各品类的具体品名，由各有关铁路局、港务局、交通局结合当地情况，征求有关单位意见，拟定具体方案，报当地省、自治区、直辖市经委或交通办批准执行。对规定品名的适箱货物，交通运输和物资管理、生产部门要创造条件，积极采用集装箱运输。

五、海上国际集装箱运输要积极发展我国自有船队运输，增开国际航线，并逐步扩大按集装箱运输条款办理运输（包括陆运）。在派船安排上，要努力适应对外合同交货期的需要，安排好航班的密度，逐步做到定期、定港、定航线，要优先使用国轮，合理利用外轮，提高外贸运输合同履约率。要充分发挥我国集装箱码头的作用，凡可由国内港口装箱装船的货物，要积极开展直达运输。口岸各有关单位要在港口和内陆中转站设置相应的机构，配备专业人员，搞好联合办公，

知识链接

加强协作，简化手续，改进工作，以加速船、箱周转，更好地为外贸运输服务。

六、铁路在搞好中小型集装箱运输的同时，要适当发展大型集装箱运输；实行通用敞车和专用车运输并举，重点应逐步向专用车成组和专列运输的方向发展。

七、沿海国内集装箱由客货班轮运输，逐步发展到多用途和小吨位的集装箱专用船运输；长江既要发展国内集装箱，同时也要发展国际集装箱专用驳船和支线船。沿海中小港口和长江港口可以改建和新建多用途码头，开办集装箱运输业务，开辟沿海和近洋集装箱班轮航线，大力发展江海、水陆集装箱联运。

八、汽车运输是集散港口、车站集装箱的主要运输方式，应与港口、车站配套发展。组织汽车联营，并以交通部门为主，发展专用车辆。同时要发挥外贸、商业等物资部门自有汽车的作用，积极开展公路干线直达运输。

九、民用航空要优先发展国际航线集装箱（板）运输，先在京、沪、穗等重点国际机场配置现代化的集装箱运输设备，逐步发展国内主要航线货运班机的集装箱（板）运输。

十、制订集装箱运价，实行按箱收费。铁道部、交通部在调整现行货物运价时，可根据兼顾运输部门和用户双方利益，对国家规定内的适箱货给以适当优待的原则（铁路集装箱运价应高于整车低于零担），制订集装箱运价，报国家物价局审核。

铁路、水运部门要鼓励物资部门和企业单位发展自备集装箱，对通用自备箱实行优惠运价。

汽车集装箱运输的运费及装卸费的收费办法和计量标准，由交通部负责制订全国统一的规则。

过境国际集装箱和国内大型箱运输收费标准，由国内货主付费的可分别参照国际和国内集装箱运价水平制订。

知识链接

十一、发展集装箱租赁业务，根据用户需要，配备专用箱和通用箱，采取多种形式，开展服务工作。有关部门要互相支持和配合，提高集装箱的利用率和经济效益。

十二、为加快集散港口、车站的集装箱，应在港口、车站附近设置国际、国内集装箱中转站。联营的国际集装箱中转站由其联营公司经营管理。国内集装箱中转站由当地经委组织有关部门或交通厅(局)经营管理。集装箱中转站首先要组织好门到门运输，并办理中转、拆装箱和堆存箱、货以及代理报关等项业务。

十三、为搞好国际集装箱运输，先以天津、上海港为中心，组织京津冀和沪苏浙国际集装箱汽车运输联营公司。这些地区专门从事国际集装箱运输的汽车应参加联营，其他如装卸机械、仓库、场地等设施，各单位可自愿参加联营，本着经济互利的原则，实行统一管理、自负盈亏，或入股分红的办法。

发展集装箱运输涉及的部门多，要求各单位要紧密配合，协调工作。铁道、交通、民航、经贸、商业、物资等部门应设置和健全专门机构，或配备专职人员，制订管理办法与规章制度，要编制发展集装箱运输的“六五”后二年计划和“七五”规划，报国家计委、国家经委综合平衡，经批准后，分别纳入各部门基建计划和更新改造计划。

国家经委、国家计委

这是我国第一个全国性集装箱发展的指导性文件。虽然已经失效，但在当时对集装箱的发展起到了巨大的推动作用，影响深远，永留史册。

★ 1983 年 9 月，第一次全国集装箱运输工作会议召开

1983 年 9 月 24 日，国家经委在青岛召开全国集装箱运输工作会议，交通部、铁道部、外贸部、商业部相关代表出席了会议。会上总结和交流了经验，制定了发展措施和今后的奋斗目标。这次会议对发展我国集装箱运输事业，起到了巨大的推动作用。交通部海洋局相关领导代表交通部做了《积极发展集装箱运输，为开创交通运输新局面而努力》的汇报。

知识链接

全国集装箱运输工作会议简讯

国家经委于 1983 年 9 月 21 日至 9 月 26 日在青岛市召开了全国集装箱运输工作会议。参加会议的有各部、委，各省、市经委和各港务局、铁路局等八十多个单位近 200 名代表。

会议主要议程是：

一、有关单位对贯彻执行《关于发展我国集装箱运输若干问题的规定》和《两港一线集装箱运输工作座谈会纪要》情况，作大会发言和书面发言。

二、交流开展集装箱运输的经验。

三、对一九八四年和一九八五年集装箱运输工作的发展作了安排，对具体方案进行专题讨论。

集装化运输就是采用各种形式的集装箱、集装袋、集装网、集装带和托盘等简易装备把货物按单元集中在一起进行运输。这种运输方法具有包装费用低、装卸效率高、货物损坏少、节省劳动力、便于进行联运、减少污染等许多优点。目前全国主要大货运站都已开展集装化运输，初见成效，需要进一步推广。

国家经委交通局局长郑鹤鸣同志对大会进行总结。他强调加速发展集装箱运输是我国运输战线上的紧迫任务。

知识链接

交通运输是国民经济的大动脉，它直接影响国家的四化建设。只有加快集装箱运输才能彻底解决当前货运中运输质量低、装卸效率低，包装费用高、货物损坏多等各种缺点。

会议代表普遍要求机械制造部门能尽快提供质量高、成本低、效率高、工作可靠的集装箱运输成套机械，以满足集装箱运输工作发展的需要。

★ 1984 年，中国外运对国际货代的垄断被打破

1984 年，国务院《关于改革我国海运运输管理工作的通知》规定："中远经营船队，其所属外代公司经营船舶代理业务和租船，外运公司经营货运代理业务和租船，为了搞活经营，允许一定程度交叉，中远外代公司可以承揽部分货物和租用少量船舶，与货主建立直接的承托关系；外运公司可以经营部分船队和少量船舶代理业务。"

从此，外运公司和中远交叉经营，开始竞争。这是中国市场经济发展的一个重要事件。

★ 1985 年，公路集装箱运输实现政企分开

1985 年 4 月 5 日，根据交通部决定，交通部汽车运输总公司按企业体制运行，原代交通部管理的全国公路集装箱运输行政职能，全部移交给交通部公路局，撤销设在总公司的集装箱运输处。公路集装箱运输政企完全分开。

★ 1986 年 9 月，国务院颁布首个《关于中外合资建设码头优惠待遇的暂行规定》

《关于中外合资建设码头优惠待遇的暂行规定》允许中外合营的集

装箱码头企业自定集装箱装卸价格，报有关物价部门备案。集装箱码头企业获得实实在在的经营权，实现了真正的、到位的对外开放。

知识链接

关于中外合资建设港口码头优惠待遇的暂行规定

发文单位：国务院

发布日期：1985-9-30

第一条　为了扩大对外经济合作和技术交流，加速港口码头的建设，以适应我国社会主义现代化建设事业的发展，特制定本规定。

第二条　外国公司、企业或个人（以下简称外国合营者），在中华人民共和国境内，同中国的公司、企业共同投资兴办合营企业（以下简称合营企业）建设港口码头，除适用有关合营企业的法律、法规、规章外，根据其投资大、建设周期长和资金利润率低的实际情况，按照本规定给予优惠待遇。

第三条　允许合营企业有较长的合营期，可以超过三十年，具体合营期限由合营各方协商确定。合营期满后，如合营各方同意并报中华人民共和国对外经济贸易部或其委托机构批准，还可以延长合营期限。

第四条　经合营企业申请，当地税务机关审核并报中华人民共和国财政部批准，企业可以采取固定资产加速折旧的办法回收投资。

第五条　合营企业以投资总额内的资金进口建设码头必需的原材料、装卸设备、运输工具和其他生产设施，免征关税和工商统一税。

第六条　合营企业按百分之十五的税率缴纳所得税。对新办的合营企业，合营期在十五年以上的，经企业申请，所在地的省、自治区、直辖市税务机关批准，从开始获利的年度起，第一年至第五年免征所得税，第六年至第十年减半征收所得税。

知识链接

合营企业按照前款规定免税、减税期满后，纳税仍有困难的，经中华人民共和国财政部批准，还可以适当延长免税、减税的年限。

对合营企业征收的地方所得税，需要减征或免征的，由合营企业所在地的省、自治区、直辖市人民政府决定。

第七条 合营企业的外国合营者将从企业分得的利润汇出境外，免征所得税。

第八条 合营企业所建码头的装卸费等费率标准，由企业自定，报企业主管部门和当地物价主管部门备案。

第九条 合营企业的外国合营者，将从企业分得的利润，再投资合营建设新的泊位或码头，期限不少于五年的，经外国合营者申请，税务机关批准，退还再投资部分已纳所得税税款的百分之四十。

第十条 允许合营企业兼营投资较少、建设周期较短、资金利润率较高的项目，其有关事宜按照现行规定办理。

第十一条 香港、澳门地区的公司、企业或个人投资兴办合营企业建设港口码头的，比照本规定办理。

第十二条 本规定自发布之日起施行。

合资码头的故事

最早成立的中外合资集装箱码头：1987 年 4 月，南京国际集装箱装卸股份有限公司码头。合作方是美籍华人王正本先生。

最大的沪港合资集装箱码头：1993 年 4 月，上海集装箱码头有限公司码头。上海港务局与香港和记黄埔有限公司合资共同经营上海港 7 个集装箱专用泊位和将 5 个杂货泊位改造成集装箱专用泊位。项目总投资 56 亿元人民币，注册资本为 20 亿元人民币，双方股权各占 50％，合资年限为 50 年。

★ 1986 年，中国铁路开始以铁海联运方式接运国际标准集装箱

1986 年 7 月 11 日，铁道部颁发《关于修改大型集装箱运输货物暂行规定的通知》(铁运〔1986〕659 号)，进一步明确了 20 英尺、40 英尺集装箱的办理条件、计费方法；重新公布了大型集装箱办理站。中国铁路国际集装箱运输逐步走上了正轨。

1986 年 10 月 11 日，铁道部运输局与中远签订《国际集装箱海铁联运协议》，决定合作开展海铁联运业务，由此揭开了国际集装箱海铁联运的序幕。

1986 年 11 月 8 日，首批从太原装瓷砖到美国的集装箱顺利运出。

★ 1988 年，国际货代行业开放市场

1988 年，国务院办公厅下发文件规定："船舶代理(以下简称船代)、货运代理(以下简称货代)业务实行多家经营，分别由船公司和货主自主选择，任何部门不得进行行政干预与限制。"

★ 1991 年，铁路集装箱运输独立成为铁路货运的一种运输方式

1990 年 12 月，铁道部在乌鲁木齐召开了第一次全路集装箱工作会议。会议主要研讨了铁路与地方企业联运集装箱运输的方针政策。这次会议使得"1990 年，是中国铁路集装箱发展划时代的一年，也可叫作中国铁路集装箱发展的元年。"

1991 年，铁道部颁布了集装箱运输"三单独""四优先"政策。三单独：运输计划单列，日请求车单报，统计单独统计。四优先：保证集装箱的审批计划优先，优先配车，优先挂运，优先回空。

按照"三单独""四优先"的政策，铁道部分别制定了集装箱运输计划

的提报、审批、调度配车、挂运,日报、年报的单列统计等具体规定和操作办法。

自此,铁路集装箱运输作为铁路整车、零担、集装箱三种货运方式之一,在全路轰轰烈烈地开展起来。

★ 1992 年,船舶运输市场完全放开

《国务院关于进一步改革国际海洋运输管理工作的通知》(国发〔1992〕64 号)发布。放开货代、船代,允许多家经营,鼓励竞争,以提高服务质量。凡符合开业条件、合法经营的企业(包括取得企业营业执照的分支机构),经批准都可以从事货代、船代业务,货主和船公司有权自主选择货代、船代,承运人与货主可以建立直接的承托运关系,任何部门都不得进行行政干预。

从此,中国船舶运输市场完全开放,走上市场经济道路。

★ 1993 年,中国造箱量跃居世界首位

1993 年,我国集装箱产销量 8.9 万个,总金额 2.65 亿美元,国际市场占有率 24.9%,超过韩国,首次摘得世界第一的桂冠。

从此,中国一直保持集装箱产销世界冠军。

★ 2001 年,国产耐候钢批量生产,集装箱实现国产化

制造集装箱需要大量高强度热轧钢板。高强度集装箱板的特点是不仅要求强度高,屈服强度大于 700 兆帕,抗拉强度 800 兆帕左右,还要求有与普通箱板相当的焊接、冷成形、打砂和油漆涂装性能。

20 世纪 60 年代初,美国钢铁公司推出了一种以 COR-TEN 为商用名的耐候高强钢材后,配以专用涂料,使得钢制集装箱的使用寿命大大延长,形成了 COR-TEN 钢质集装箱一统全球干货箱的局面。

集装箱制造业在我国新兴时，完全依赖从国外进口钢材和半成品，在国内组装。20 世纪 90 年代，进口 700 兆帕级高强度集装箱板到岸价 700～800 美元/吨，大大超过国内能生产的普通箱板(290 美元/吨)。

1991—1994 年，中国宝山钢铁集团成功研制了与美国 COR-TEN A 耐候钢相对应的 B480GNQR 高耐候钢，在攻克 2.0 毫米和 1.6 毫米厚度规格的 B480GNQR 轧制难关后，1997 年、1998 年、1999 年的年产量分别达 45 万吨、53.6 万吨、85 万吨，2000 年更是达到 92.7 万吨。

2001 年，宝钢掌握了关键生产技术，试制成功屈服强度 700 兆帕级高强度集装箱板 BS700MC 并实现批量生产。经用户试用，其成形、焊接和涂装性能等可与国外产品性能相当。

2002 年，经过市场推广，宝钢 BS 高强度热轧板系全面替代进口产品，至此，集装箱算是实现了国产化。

★ 2002 年，中国实现港口集装箱吞吐量世界第一

2002 年，中国港口(这里指上海、深圳、天津、广州、青岛、大连、宁波、厦门等沿海港口，未统计我国港澳台地区港口)以 3 721 万标箱的集装箱吞吐量，首次超过连续 46 年保持世界首位的美国，跃居世界第一。

此外，2003 年中国港口货物吞吐量达 26.3 亿吨，从此一直保持世界第一的位置。中国从此成为世界上港口吞吐量、集装箱吞吐量同时第一的国家。2002—2006 年中国内地前十大港口集装箱吞吐量见表 3-1。

表 3-1　2002—2006 年中国内地前十大港口集装箱吞吐量

(单位：万标箱)

年　份	第 1 位	第 2 位	第 3 位	第 4 位	第 5 位	第 6 位	第 7 位	第 8 位	第 9 位	第 10 位
2002	上海	深圳	青岛	天津	广州	宁波	厦门	大连	中山	福州
	861.2	761.37	341	240.8	218	185.9	175.4	135.2	62	48.15
2003	上海	深圳	青岛	天津	宁波	广州	厦门	大连	中山	江门
	1 128.2	1 061.5	423.86	301.54	276.26	276.17	233.11	167.93	75.61	74.42
2004	上海	深圳	青岛	宁波	天津	广州	厦门	大连	中山	福州
	1 455.7	1 361.5	513.97	400.55	381.4	330.82	287.17	221.12	92.15	70.79

续上表

年　份	第 1 位	第 2 位	第 3 位	第 4 位	第 5 位	第 6 位	第 7 位	第 8 位	第 9 位	第 10 位
2005	上海	深圳	青岛	宁波	天津	广州	厦门	大连	中山	连云港
	1 808.4	1 566	630.7	520.8	480.1	468.3	334.23	265.5	107.59	100.53
2006	上海	深圳	青岛	宁波—舟山	广州	天津	厦门	大连	连云港	中山
	2 172	1 847	770.2	713.5	665.63	595	401.34	321.17	130.23	112.54

数据来源:《中国港口年鉴》

第四章　中国在集装箱制造业上创造的辉煌

1993 年中国实现集装箱产销量世界第一。

1993 年，我国集装箱产销量 8.9 万个，总金额 2.65 亿美元，国际市场占有率 24.9%，超过韩国，首次摘得世界第一的桂冠。

从此，中国一直保持世界集装箱产销冠军。2005 年，中国集装箱产量在国际市场占有率已经达到 93.55%，稳居世界第一。1993—2005 年中国的集装箱产量及市场占有率见表 4-1、1993—2005 年中国集装箱出口统计见表 4-2。

表 4-1　1993—2005 年中国的集装箱产量及市场占有率

单位：万标箱

年份	1993	1994	1995	1996	1997	1998	1999	2000	2001	2002	2003	2004	2005
国际	100.6	109.7	134.3	124.5	140.6	151.8	155.3	193.0	125.0	164.7	238.0	276.0	248.0
中国	25.0	39.5	68.1	65.5	96.6	103.0	114.4	160.5	102.0	136.0	220.0	256.1	232.0
占有率（%）	24.85	36.01	50.71	52.61	68.71	67.85	73.66	83.16	81.60	82.57	92.44	92.79	93.55

表 4-2　中国集装箱出口统计

年份	1993	1994	1995	1996	1997	1998	1999	2000	2001	2002	2003	2004	2005
数量（万个）	8.87	21.78	40.10	34.94	33.01	56.97	63.96	110.70	91.50	107.70	177.30	197.44	155.86
增长（%）	—	145.55	84.11	−12.87	−5.52	72.58	12.27	73.08	−17.34	17.70	64.48	11.36	−4.41
金额（亿美元）	2.66	6.16	11.80	10.50	10.29	15.87	14.78	23.80	21.98	22.11	38.54	51.25	58.04
增长（%）	—	131.58	91.56	−11.02	−2.00	54.23	−6.87	61.03	−7.65	0.59	74.31	32.98	13.25

我国集装箱制造业始于 20 世纪 70 年代末 80 年代初创建的四家集

装箱工厂。如今，中国已经是世界集装箱制造业的第一强国，集装箱生产能力世界第一，能批量生产的集装箱种类规格世界第一，集装箱产销量世界第一。中国港口集装箱起重机垄断全球市场。

★ 世界集装箱 50 年制造史

现代集装箱诞生于美国，理所当然，集装箱生产始于美国。20 世纪 60 年代初，美国 Fruehauf 、Trailmobile 等公司就已经建立起铝制集装箱生产线。这种铝制集装箱是钢制框架，平板铝材由挤压成形的铝块加强，平板与铝块之间由铆钉和封闭扣件连接。

而与此同时，美国另一家公司 STICK 研制出一种新的全钢集装箱。这种全钢集装箱与铝制集装箱相比具有价格便宜和强度高的优点。STICK 公司在欧洲和日本转让他们的设计使用许可权，全钢集装箱开始迅速流行起来。

一经使用，大家都发现钢制集装箱抗损伤能力强、价格便宜、维修方便。作为集装箱先驱者的海陆联运公司几十年来一直提倡使用铝制集装箱，最后也不得不转向钢制集装箱。

大约从 1968 年至 1973 年(准确时间较难确定)，钢制集装箱在欧洲逐渐变得繁荣起来。在欧洲，集装箱工厂的分布主要在英国、法国、德国、意大利、匈牙利等 8 个国家。其中，德国的 IWT 和法国的 SIC Trailor 工厂生产能力可以达到 20 000 标箱/年。

与此同时，日本察觉到了集装箱制造的商机，开始建设集装箱生产厂。当时日本的消费品出口量很大，所以集装箱的需求量也相当大。同时，日本新建的集装箱工厂生产效率和生产能力都十分高，这样，欧洲的集装箱制造业不可避免地衰落了。

集装箱制造中心转移到亚洲。1973 年之前，日本就已经建造了几家集装箱制造工厂。最大的东急车辆制造株式会社(Tokyo Car Corporation)，其生产能力为 100 000 标箱/年，在日本横滨和大阪均建有生产厂。东急车辆制造株式会社在集装箱产品设计和大规模生产方面进行了改进。

虽然 Tokyo Car 公司已经退出了集装箱生产的历史舞台，但其所倡导的集装箱大规模生产的理念和提出的一些非常有价值的设计（一些已经成为工业标准），得到了大家的认同。日本集装箱产业的成功只维持了较短的时间。

在 1980 年之前，一些制造成本低的亚洲国家和地区也开始生产集装箱，韩国、泰国、印度尼西亚、新加坡等国，以及我国的香港地区、台湾地区均建有中等规模的集装箱制造厂。在 20 世纪 70 年代末和 80 年代初，日本在集装箱产品价格上不再有什么竞争力。韩国，以及我国台湾地区成为钢制集装箱制造的主力。

而此时，中国的集装箱制造业开始浮出地平线。

★ 中国集装箱制造业的发展历程

我国从 20 世纪 70 年代末开始涉足造箱领域。20 世纪 70 年代，世界造箱强国是日本；20 世纪 80 年代，世界造箱强国是韩国，到了 20 世纪 90 年代，中国成为世界造箱强国。

我国研制国际标准集装箱是在 1975 年，当时我国外贸出口部门获得一份外贸合同，内容是向美国出口青岛啤酒，合同条款中规定必须采用集装箱运输方式。

当时，国内没有任何设计和制造国际集装箱的经验，决定由交通部主管的水运科学研究院进行研制。选用的箱型为 ISO1C 型钢制干货集装箱。

由于当时国内没有任何专业生产工厂，经考察选定江苏省江阴轴承厂进行加工和组装。该工厂除了两台压力机外，没有任何专业设备，大量杆件的成型基本靠外协加工，各部件的焊接也是在该厂自制的简单胎具上完成的。最后，在一个露天的场地上对首台样箱进行了总装。

样箱送到了上海港机厂按照 ISO 1496-1 的规定进行全套实验，由船舶检验局派出的验船师监督，样箱通过了各项实验。

但是，这种零敲碎打的落后生产方式成本太高，中远不得不向日本的东急车辆制造株式会社，订购了所需的集装箱。

20 世纪 70 年代末至 80 年代初，我国的华南和华东开始和海外的集装箱生产厂商谈判引进生产技术和全套设备的项目，并先后建设了 4 个集装箱生产工厂。

经过谈判、设备引进、人员培训、基本建设直至成品检验等过程，这些厂正式接受订单和安排生产已经到了 1981 年。

中国的新厂刚刚投产，尚未建立国际声誉，起步阶段相当艰难。特别是 1986 年，东南亚经济萧条，国际贸易疲软，航运业萎缩，波及造船和造箱业。上述新厂不得已停产、转产。

但是，正是在这几年艰辛的经营中，锻炼出了中国的造箱业队伍，培养出了一批专业技术人才。这些人，在日后成为我国造箱业的中坚力量。如今，领导世界集装箱制造业新潮流的精英也正是他们。他们中杰出的代表就是“造箱大王”——麦伯良。

1988 年，国际集装箱市场从阴影中走出。经过两年多的磨炼，中国的造箱业人士从依赖外方合作者转向了自主经营。通过逐步积累经验，改进原来引进生产线中不合理的部分，提高了生产能力和产品质量。特别是价格优势明显，使得国内外著名船公司、租箱公司的订单日益增长。与此同时，在沿海地区纷纷出现了新建的集装箱工厂。

1993 年，我国的造箱量超过了当时号称“集装箱王国”的韩国，跃居世界首位。如今，我国已经拥有全球 90%的造箱能力，具备自行设计和全面改造原有生产线的能力。我国的造箱用材林和配件基本实现自给。只要箱东需要，任何品种和类型的集装箱都能在中国找到能生产的企业。顶峰时期，国内具备生产国际集装箱能力的企业达到 40 余家。

当时，集装箱工业竞争十分激烈，在市场竞争中，造箱企业兼并重组，逐步形成了两大造箱集团，一是中国国际海运集装箱集团公司(CIMC)，另一个是新加坡胜狮集团(Singamas)。

1995—2001 年世界主要产箱地区普通干货集装箱产量见表 4-3，1997—2001 年从事干散货集装箱生产主要企业的业绩见表 4-4。

表 4-3　世界主要产箱地区普通干货集装箱产量表　　单位：千标箱

产箱地区	1995 年	1996 年	1997 年	1998 年	1999 年	2000 年	2001 年
中国(港澳台数据未计入)	689.0	747.0	914.5	1 005.0	1 143.0	1 554.0	890.0

续上表

产箱地区	1995 年	1996 年	1997 年	1998 年	1999 年	2000 年	2001 年
东南亚	347.0	204.5	95.5	105.0	87.0	105.0	82.0
亚洲其他	29.0	33.0	95.0	55.0	42.0	43.0	8.0
西欧	62.0	58.0	62.0	52.0	38.0	14.0	11.5
中东欧	82.0	62.5	52.5	52.0	23.0	21.5	16.5
美洲	9.0	7.0	20.0	36.0	32.0	29.8	20.0
其他	37.0	33.0	15.5	22.5	20.0	4.7	2.0
总计	1 255.0	1 145.0	1 255.0	1 327.5	1 385.0	1 772.0	1 030.0

数据来源:《中国集装箱运输发展》(主编:王海平,人民交通出版社,2003)

表 4-4　从事干散货集装箱生产主要企业的业绩　　单位:千标箱

企业名称	1997 年	1998 年	1999 年	2000 年	2001 年
中集集团	360.0	405.0	463.0	670.0	425.0
胜狮集团	124.0	139.0	160.5	221.5	208.0
现代集团	125.0	130.0	158.0	154.0	90
进道集团	165.5	175.0	148.0	137.5	90
新华昌	20.5	29.0	45.0	63.0	50
其他	460	449	456	526	167
总计	1 255.0	1 327.0	1 385.0	1 772.0	1 030.0

数据来源:《中国集装箱运输发展》(主编:王海平,人民交通出版社,2003)

在过去的几十年里,中国经济迅速发展,而集装箱工业只是中国工业发展的一小部分。中国的劳动力成本较低,效率高,所以中国的集装箱工业将在可预料的将来继续领先世界。

★“中集神话”——麦伯良的故事

这是中国企业家在“改革开放”大时代,在市场经济浪潮下的故事。得益于深圳特区,得益于蛇口工业区,“中集神话”得以诞生。

1979 年 7 月 20 日,深圳蛇口工业区点燃移山填海的第一炮,2.14 平方千米蛇口工业区的建设,成为中国改革开放的标志性事件。

中集集团[①]的第一任董事长是袁庚[②]。

1979 年 4 月，蛇口工业区刚刚成立。办公会议上，大家集思广益制订出五大工厂——钢丝绳厂、氧气厂、集装箱厂、炼钢厂与造船厂的招商计划。在袁庚的梦想中，办一个像模像样的集装箱厂，始终是他考虑的目标之一。

袁庚当过国际海事组织中国代表团团长，代表中国与 11 个国家或地区签署海事协议，对世界航运发展情况比较了解，对集装箱制造业也有相当的认知。

1980 年 1 月，招商局与中国集装箱财团公司（简称 CCC，由丹麦宝隆洋行与美国海洋集装箱公司组成）签订了在蛇口工业区合资经营“中国国际海运集装箱股份有限公司”总协议。注册资本为 300 万美元，设计年生产能力 5 000 标箱。中集集团诞生了。

中集集团一开始就广受关注——北欧国家第一个投资中国内地的“先锋”项目。丹麦宝隆洋行态度明朗，要坚持自行管理。袁庚的态度是：“让宝隆来管理好了，我们也能积累与储备一些经验。”中集集团在诞生之初，血液里就流着国际化的基因，培训了一大批国际化人才，公司为之受益颇多。

1982 年 9 月，中集集团正式投产，在国内外集装箱制造业引起极大震动。

中集集团第一任总经理是丹麦人。而袁庚挑选的总经理，却打造了中集神话，这个人就是“造箱大王”——麦伯良。

1982 年初，麦伯良刚到中集集团时，在技术部门做技术员，由于集装箱制造业在当时的中国还是一个全新的行业，技术完全从国外引进。

麦伯良最初给一个英国工程师做助手，潜心学习，一直到 1986 年，

① “中国国际海运集装箱（集团）股份有限公司”简称。

② 袁庚（1917 年 4 月—2016 年 1 月），原名欧阳汝山。1939 年 3 月加入中国共产党，曾参加过黄谭战斗、南麻临朐战役、昌潍战役、济南战役。招商局集团原常务副董事长、招商局蛇口工业区和招商银行、平安保险等企业创始人。2018 年 12 月，被授予改革先锋称号，颁授改革先锋奖章，并获评改革开放试验田“蛇口模式”的探索创立者。“时间就是金钱，效率就是生命”口号的提出者。

麦伯良从事的都是技术工作，从技术员到工程师，到生产技术副经理、经理，这样的经历，使麦伯良很快成长为中国第一代集装箱生产技术专家。

与此同时，他开始接触西方的管理方法，了解西方人的工作处事方式和思维特点，这为他日后同外国人打交道，开拓国际市场打下基础。

1986 年，国际航运业陷入低谷，市场萧条，加之中集集团在管理上存在问题，经营被动，中集集团当年亏损达 200 多万美元。在此局面下，董事会决定停产，中集集团裁员 200 多人。中集集团（做为合资企业）只有两条路可选：一个是倒闭清盘，另一个是停产转行。

麦伯良刚接触到市场经济，就碰到市场经济冷酷的现实。董事会在征求许多员工意见的情况下选择了后者。这一决定企业命运的过程对麦伯良的观念深处冲击极大：企业必须按用市场法则运作、优胜劣汰，不能抵御市场风浪就只能被市场所抛弃。

当时，许多人离开中集集团另谋出路，而天生不服输的麦伯良却坚定地留下来。

留下来的几十个中集集团员工开始迈出自己闯市场的重要一步。以前作为中方员工，他们只负责生产，订单都是通过合资外方丹麦宝隆洋行接来的。

而此时，集装箱已没有了市场，留下来的人要自己养活自己，在分析了工厂的条件和外部环境后，他们决定利用自身设备和厂房优势，把业务转向钢结构产品的机械加工。于是，麦伯良和伙伴们开始走出工厂，四处揽活，找米下锅。

此时的麦伯良被任命为生产技术经理，全面负责公司的生产、技术、质量、报价及设备等工作，这段时间是麦伯良的快速成长期。

1987 年下半年，行业开始呈现复苏的迹象，而此时的董事会已酝酿并完成了股权重组，这是中集集团发展史上的一个重要转折。

中远加盟公司董事会，公司改组为三方合资企业。中远的加入，不仅壮大了股东的实力，更重要的是带来了中集集团迫切需要的市场资源。作为国际上的大型航运公司之一，中远本身对集装箱就有一定的需求。这种订单方面的支持使中集集团逐渐从停产的状态中恢复起集装箱的生产。

1987 年底，停止了一年半集装箱生产的中集集团宣布恢复集装箱生产，而此时麦伯良被任命为公司副总经理，分管生产、技术、设备、质量管理和多种经营事业部。

经过市场的磨炼，中集集团已经学会了如何适应市场和把握机遇，加之股东的支持，中集集团的集装箱生产开始走入正轨，并呈现出可喜的增长势头。

当时虽然有订单做，但却依赖股东的支持。中集集团还应提高产量，要为未来发展做好准备。“一定要开发国际市场，自己决定自己的命运”。麦伯良自 1988 年以后被派到香港，具体负责市场拓展工作。

刚刚走出国门的麦伯良，对国际市场可谓一无所知。中集集团在 1986 年前，曾经做过一些国际客户的订单，这些订单由当时负责公司管理的外方股东丹麦宝隆洋行引入。当时由于中集集团自身的问题，产品质量、交货服务都未能达到客户要求，使得每一批国外订单都成了最后一批，客户换了一个又一个，个个都一去不回头。

集装箱的市场面本来就很狭窄，当时，不仅以前同中集集团打过交道的客户不愿再把订单交给中集集团，即使新客户也对中集集团表现出天生的怀疑、敬而远之。

麦伯良面对的就是这样的残酷现实，市场大门向他无情地关闭着。没有市场，中集集团就没有发展。麦伯良想方设法去接触客户，用中国人的“诚”字去说服客户，推销产品首先推销自己。不知道碰了多少壁，吃了多少闭门羹，终于，一个客户被这个真诚而执着的中国青年所感动，试探着给了他 100 个集装箱的订单。

对于今天的中集集团来说，100 个集装箱完全可以忽略不计，然而在当时，麦伯良深知这 100 个集装箱意味着什么。中集集团市场开拓也许因此出现转机，也许从此被这个市场彻底抛弃。

回到公司，麦伯良和领导及同事们认真研究客户要求，精心设计产品图纸，进一步完善生产工艺和质量控制体系。麦伯良和伙伴们一起奋战在生产线上，跟踪生产的每一个环节，发现问题，及时研究解决，产品终于出来了。经过国际船级社、箱主的联合“挑剔”，这 100 个集装箱不仅全部合格，而且产品质量比客户的期望还高。

客户开始相信麦伯良，相信他是一个能够兑现自己承诺的中国人。就是凭着这种坚韧不拔的毅力和对产品质量精益求精的精神，市场之门被逐渐打开，而且越做越大。国际知名公司一个个上了中集集团的客户名单。

中集集团的产品获得了国际市场的普遍承认，麦伯良以其不懈努力彻底改变了外国人对中国产品认识的偏见。

麦伯良深知市场工作对于企业生存和发展的意义，“谁掌握了市场，谁就掌握了企业的命脉”。由于身处国际市场最前沿，麦伯良能够清楚地了解国际市场的真正需求，并根据自身的判断及时做出反应，主动适应市场的变化。因此，中集集团适时开发新产品，先人一步实施战略性布局，把握市场时机上马的冷藏箱项目等均是以市场为导向，因而都获得了极大的成功。

中集集团的成功与麦伯良这个直接做市场的老总息息相关，麦伯良的市场工作经验直接影响着中集集团的每一个战略决策，使中集集团一步一个台阶走向成功。

1991 年，麦伯良被董事会任命为公司总经理。当时，中集集团已成为深圳市一家小有名气的企业，以良好的经济效益著称。麦伯良上任之初，向干部员工发表谈话：中集集团面临新挑战。

进入 20 世纪 90 年代，基于中国经济的持续增长，进出口贸易的繁荣及中国低成本的劳动力资源优势使中国集装箱工业进入大踏步发展阶段，中国一下子有 20 多家集装箱厂先后上马，东南亚诸国也在大力发展这一出口型工业。新建的箱厂大多投资大，技术设备先进，且多有欧美、韩国资本介入及负责管理，起点较高。而此时，中集集团在 1990 年的产量尚不足一万，许多新建工厂的设计能力超过三万，在规模上中集集团明显处于劣势，很难抵挡新集装箱厂的竞争。

企业要想获得大踏步地发展，靠股东追加投资显然不够。麦伯良积极寻求资本扩大的其他途径。1992 年，麦伯良开始着手对公司实行股份化改组工作，他先行对公司进行内部股份化改组，吸收内部职工入股，在机制上增召员工的向心力和凝聚力。

1994年，中集集团A股、B股又在深交所成功上市，进一步拓展了公司资本的筹措空间，为公司的扩张发展打下了基础。

经过认真调研和周密策划，中集集团于1993年初收购了大连集装箱公司51%的股权。首先在华北（含东北）地区建立生产基地，从而揭开中集集团收购兼并的序幕。1994年7月，中集集团再度出击，收购南通顺达集装箱公司72%的股权，建立华东基地。

收购之后，麦伯良大刀阔斧整顿被兼并企业的内部管理、改造并完善生产设施，使中集集团集装箱产量在1994年上升到世界第三位。

麦伯良的收购战略获得了极大的成功。中集集团又于1996年初收购广东新会集装箱厂，使中集集团在1996年产销量达到19.9万标箱，稳稳坐上世界第一的宝座。

2004年12月28日麦伯良当选“2004 CCTV中国经济年度人物”。颁奖典礼上的颁奖词是：一个有远见的商人，顺势而行搭上中国经济和平崛起的巨轮；一个负责任的管家，投资他领导的企业，收益十年增长十倍。

★ 振华港机[①]——管彤贤的故事

振华港机创业是在20世纪90年代初，那时，世界上大部分港口机械订单都掌握在日本、韩国、美国和欧洲大企业手中。生产集装箱起重机的跨国公司有许多，日本三菱、三井和石川岛，德国的克鲁伯、诺尔，韩国的三星、现代等，这些企业占据了全球95%以上的市场。

1992年，经管彤贤申请，交通部通过香港的一家合资子公司投资50万美元，上海港机厂又以一块地皮作价50万美元，成立了注册资金100万美元的中外合资企业——振华港机厂。

管彤贤带着从上海港机厂过来的设计、质量管理、生产以及市场等部门的十几个人，就在紧贴着上海港机厂的浦东南路上租用了几间简陋的办公室，开始了创业。

最初，振华港机曾在新加坡参加投标，连续5次，一次也不中。管彤

① “上海振华港口机械（集团）股份有限公司（ZPMC）”简称，以下同。

贤分析：港口起重机的特点是“技术密集＋资金密集＋劳动力密集”，港口机械是耐用工业品，用户看中的首先是品牌，而不是价格。品牌代表了你的质量，它从哪里来？这个行业不需要打广告，只要有大的港口用你的产品，就是最好的广告。

最终，管彤贤在加拿大打开了缺口。1992 年底，加拿大温哥华港决定招标购买一台集装箱起重机，凭着初生牛犊不怕虎的豪气，振华港机依靠价格和售后服务承诺的优势一举中标。振华港机像制作一件“工艺品”一样制造了这第一台起重机，凡自己做不好的关键配套零部件，一律采用世界名牌。因此，这个第一单没有为振华港机带来多少利润，但为振华港机赢得了好名声。

没有采购商能够摆脱价廉又物美的诱惑。1993 年，温哥华港又从振华港机买走一台设备。1994 年，振华港机在美国旗开得胜，迈阿密港一次性订下 4 台产品。从此，在港口机械的各个竞标会上，都可以看到振华港机的身影。从新秀到行业领导者，振华港机并没有用太长时间。1998 年，振华港机就超越列强，以世界市场 1/4 的占有率成为集装箱机械行业领袖。到了 2015 年，振华港机的集装箱机械市场占有率已达 82％以上，在欧美市场更达到 90％以上。

当振华港机刚刚敲开国际市场的大门时，还要凭着劳动力优势打价格战，但今天却不需要了，这是因为它目前已代表了世界集装箱机械的最高和最新水平，除了原有的劳动力优势外，振华港机还具备了技术优势，总共几十项世界领先的技术，200 多项专利，让振华港机占据了全球集装箱起重机研制的制高点。

知识链接

集装箱的品种和类型较多。按 ISO1496 系列标准，一般归为五类：干货集装箱、保温集装箱、罐式集装箱、台架式集装箱和干散货集装箱。

全球保有量和需求量最大的是钢制干货集装箱(约占 90％)，其次是保温集装箱(约占 5.3％)，装运气态货物和液

知识链接

体货物的罐式集装箱(约占 0.5%),特定用途的平台集装箱和台架集装箱(约占 3%),最后是干散货集装箱(约占 0.2%)。

钢制干货集装箱(图 4-1)主要用来装运文化用品、化工用品、电子机械、工艺品、医药、日用品、纺织品及仪器零件等怕湿的件杂货物。

图 4-1　干货集装箱

保温集装箱(图 4-2)适合在夏天运输黄油、巧克力、冷冻鱼肉、炼乳、人造奶油等物品。

图 4-2　保温集装箱(冷藏或加热)

知识链接

罐式集装箱(图 4-3)专用以装运酒类、油类(如动植物油)、液体食品以及化学品等液体货物的集装箱。

图 4-3　罐式集装箱

台架式集装箱(图 4-4)可以从前后、左右及上方进行装卸作业,适合装载长大件和重货件,如重型机械、钢材、钢管、木材、钢锭等。

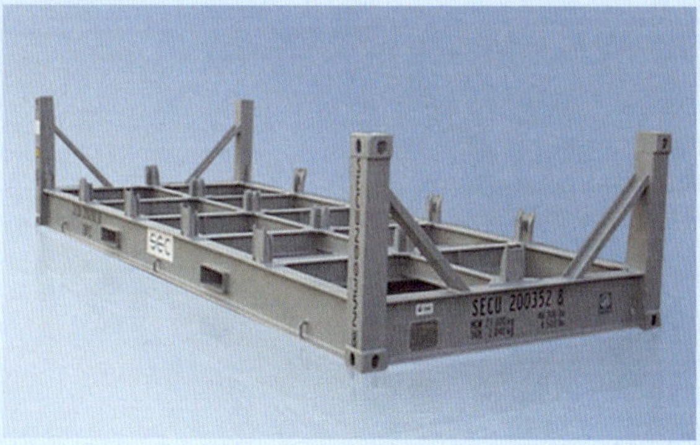

图 4-4　台架式集装箱

干散货集装箱(图 4-5)用于装载粮食、焦炭、化工颗粒原料等散装货物。

知识链接

图 4-5　干散货集装箱

第五章　中国在集装箱远洋运输上的巨大成就

2002 年，中国港口（这里是指上海、深圳、天津、广州、青岛、大连、宁波、厦门等沿海港口，未统计我国港澳台地区）以 3721 万标箱的集装箱吞吐量，首次超过连续 46 年保持世界首位的美国，跃居世界第一。

2003 年，中国港口货物吞吐量已达 26.3 亿吨，从此一直保持世界第一的位置。2015 年达到 127.5 亿吨。这其中，煤炭、铁矿石等大宗矿石占 30%以上。

知识链接

港口吞吐量（Port Handling Capacity）是指 1 年间经水运输出、输入港区并经过装卸作业的货物总量，单位为吨。

从理论上讲，港口吞吐量是反映港口生产经营活动成果的重要数量指标，也是衡量国家、地区、城市建设和发展的量化参考依据。

货物吞吐量中，与集装箱运输方式对应的吞吐量称为港口集装箱吞吐量，单位是标箱（TEU）。

简单地说，一个 20 英尺集装箱空箱进港、装卸上岸，算一个标箱的吞（吐）量，装货后，装卸上船、出港，再算一个标箱的（吞）吐量。一个 20 英尺集装箱，进出港口一次，就算 2 个标箱的吞吐量。如果是 40 英尺集装箱，就算 4 个标箱的吞吐量。

从单个港口来看，美国自 20 世纪 50 年代发展集装箱运输，纽约港一直是集装箱运输最发达的港口。1980 年，纽约港完成了 195 万标箱，保持世界集装箱第一大港，到 1985 年完成了 240 万标箱，低于鹿特丹港的 265 万标箱，退居第二位。

鹿特丹港集装箱第一大港的位置只保留了 4 年，从 1989 年起就让位给香港港和新加坡港，退居第三位。

此后香港港和新加坡港两港的集装箱吞吐量交替上升，交替占据第一、第二的位置，并持续了 10 年时间。

2010 年，上海港首次以 2906.9 万标箱的成绩超越新加坡港 2843.08 万标箱的纪录，跃居世界首位。此后，上海港一直保持世界集装箱吞吐量第一的宝座。

知识链接

世界十大集装箱港口中国独占 7 个

据世界航运公会(World Shipping Council)公布的统计数据，依照集装箱吞吐量计算，世界十大集装箱港口都在亚洲国家。其中中国占世界十大集装箱港口中的 7 个，以上海为首，2016 年吞吐集装箱 3654 万标箱。

按 2016 年集装箱吞吐量计算，世界十大集装箱港口排位如下：

1. 上海港(中国)：3 654 万标箱
2. 新加坡港(新加坡)：3 092 万标箱
3. 深圳港(中国)：2 420 万标箱
4. 宁波—舟山港(中国)：2 063 万标箱
5. 香港港(中国)：2 007 万标箱
6. 釜山港(韩国)：1 945 万标箱
7. 青岛港(中国)：1 747 万标箱
8. 广州港(中国)：1 722 万标箱
9. 迪拜杰贝尔阿里港(阿联酋)：1 560 万标箱
10. 天津港(中国)：1 411 万标箱

世界航运公会表示，虽然在全球集装箱港口中占第 11 位的荷兰鹿特丹港的吞吐量为 1 223 万标箱，与世界十大集装箱港口失之交臂，但鹿特丹港仍然是欧洲最大的集装箱港口。

★ 改革开放后港口的发展

1977年,5月9日至29日,交通部部长叶飞率团访问了瑞典、芬兰、丹麦、挪威等北欧四国。在北欧四国,叶飞部长参观了斯德哥尔摩、哥德堡、赫尔辛基、奥斯陆和哥本哈根等港口。

考察结束后,考察团很快形成了《关于加速发展水运和公路交通的意见报告》,上报中央。

这次考察后,对于集装箱,形成两个指示。其一,在建的我国第一个集装箱码头——天津港21号集装箱专用码头,要下决心建成最先进的,要聘请外国专家咨询;其二,购买滚装船,组成以中远为组长联合上海水运研究所参加的买船小组。

开辟集装箱运输,首先要有专业设备,如集装箱运输专用船舶、专用码头、专用大型起重机、专用车辆等等。并且,一旦集装箱专用码头建成,买进了国外较先进的专用装卸设备,就需要有我国自己的懂专业管理和专业设备操作使用的人才。当时,这两方面我们都很薄弱。

1978年,丹麦宝隆洋行集装箱运输专家组团来华访问。宝隆洋行集装箱运输专家团先后在北京、天津、上海等地进行了集装箱装卸运输专业讲座。1978年9月,正式签订了丹麦专家到上海远洋运输公司、天津港务局和上海港务局三个单位指导集装箱运输工作协议。

1981年12月,天津港21号集装箱专用泊位建成投产并正式通过验收组进行的国家验收。从天津港的集装箱专用码头开始,我国内地的港口建设从此走向辉煌,直到港口吞吐量、港口集装箱吞吐量世界第一。

1984年之前,我国内地港口一直是国家直接领导下的全民所有制企业。我国内地沿海主要港口新中国成立以来一直实行政企合一,归属交通部,由交通部负责港口的规划、建设、经营等。

1984年后,除秦皇岛港由中央直接管理,是交通部直属港口,沿海13个港、长江干线25个港改为"交通部与地方政府双重领导,以地方政府为主"的管理体制,其中长江25个港口还与中国长江轮船总公司"港航一体化"管理。

1987年，长江港航管理实现港航分开。

2001年11月，国务院办公厅颁发《关于深化中央直属和双重领导港口管理体制改革的意见》，对港口管理体制作出规定，将由中央管理的秦皇岛港以及由中央和地方政府双重领导的港口全部下放地方管理。港口下放后原则上交由港口所在地的城市人民政府管理；由省级人民政府管理的按“一港一政”的原则自行确定管理形式。港口下放后，实现政企分开，港口企业不再承担行政职能，并按照建立现代企业制度要求，进一步深化企业内部改革，成为自主经营、自负盈亏的法人实体。同时，港口的计划、财务管理体制也进行相应的改革，其中计划管理将由现行中央计划管理改为地方管理，财务管理则由“以港养港，以收抵支”改为“收支两条线”，取消港口企业定额上交，以收抵支的方法，同时按国家税收管理规定征收港口企业所得税。

集装箱港口是资金密集型产业。在市场经济环境下，集装箱港口新建、扩建、改建及配套设施、设备更新换代，都需要巨额资金投入。1986年，国务院颁布了《关于中外合资建设码头优惠待遇的暂行规定》。

以港口收费为主线，港口经营管理彻底实现了市场化。

1976年9月1日，交通部为适应我国港口开展国际集装箱运输的业务，以《国际航线集装箱运输港口费收暂行规定》(〔76〕交水运字852号)发文规定，港口装卸集装箱的码头收费按件杂货的收费标准计算，这是一种临时性的收费办法。

1978年10月1日，交通部以《国际航线集装箱运输港口费收暂行规定》〔78〕交港字1618号，参照国际上通行的集装箱码头收费办法，制定并颁布了我国第一个国际航线集装箱港口费收规定，为我国港口集装箱码头的收费办法与国际接轨走出了第一步。

直到1992年，《关于统一国际航线船舶及外贸进出口货物港口费率的通知》，外轮和国轮按集装箱统一收费。作为引进外资的优惠条件之一，国家颁布法令，允许中外合资集装箱码头企业自定码头服务价格，报有关物价部门备案。

至此，码头企业获得了实实在在的经营权。

20世纪90年代以来，国际集装箱专用泊位快速增长，从1990年的

19 个增加到 2000 年的 60 多个。

★ 改革开放后集装箱航运的发展

中国远洋集装箱运输的成功，不仅表现在集装箱港口建设的辉煌上，还体现在中国自己的集装箱船队的大发展中。

开展国际集装箱运输的国家，其主要标志之一，是要有自己的集装箱班轮航线。我国现今已有数十条国际集装箱班轮航线。而在 1978 年 9 月 26 日以前，我国的集装箱班轮航线还是“零”。

此事也是千头万绪，困难重重。

首先遇到的就是在远洋运输公司和港口装卸部门（分管船与码头）之间，在交通部门的单位和外贸部门的单位（分管运输与货物）之间怎样协调的问题。

在没有开展集装箱运输以前，交通部门与外贸、海关、商检等方面，多年来在港口的传统件杂货运输和装卸生产上已经有了一套固定的制度和做法。

但集装箱运输是新事物，是一个系统工程，环节多，开辟一条国际集装箱班轮航线，必须有一套新的制度和做法，这就需要有高度的责任感和自觉性去打破既有规章，需要巨大的勇气和担当精神去承担失败的责任，还要有无比的耐心和忍让去求人参加，其难度可想而知！

1977 年 10 月，在上海港十区码头现场召开了一个由上海港务局、中远、外运公司、海关、商检等部门领导参加的研讨开辟国际集装箱运输航线的座谈会。

会议之所以选在上海港十区码头开，是因为当时全国只有上海港第十作业区第五泊位正在改建成一个不久就可以投入使用的半集装箱专用泊位。

经过会议各部门沟通协调，多方努力之后，终于在 1978 年 9 月 26 日，我国的第一艘国际集装箱班轮——“平乡城”轮装载着 162 个国际标准集装箱首航开赴澳大利亚悉尼港口。

离港前举行了隆重的首航仪式。这一刻结束了我国没有国际集装箱运输班轮航线的历史，也成为我国远洋航运从传统杂货运输方式，走向现代的集装箱运输方式的新起点。

1979 年 4 月，中远上海分公司“柳林海”轮首航抵达美国西雅图港，中美航线正式开通。

1980 年 3 月，广州远洋运输公司“西江”轮首开中国至菲律宾的第一条全集装箱定期班轮航线。

1981 年 2 月，上海远洋运输公司滚装船“张家口”轮（载箱量为 753 标箱）离开天津驶往上海，加载后，首航美国西海岸旧金山港，开辟了中美集装箱第一条班轮航线。

1981 年 6 月，“抚顺城”轮自上海装载 320 标箱首航日本神户港，正式开辟了中国至日本集装箱班轮运输。

中国首批全集装箱船“汾河”“青河”“唐河”轮是 1981 年由广州远洋运输公司在联邦德国购买的，1982 年建成后转交上海远洋运输公司运营。

1982 年，天津远洋运输公司根据国际航运发展趋势，对船队结构进行调整，购买了两艘全集装箱船，分别是“华江”轮（箱位 271 标箱）和“汶河”轮（箱位 382 标箱）。

远洋航运业在世界范围内是竞争非常激烈的行业。20 世纪 80 年代，世界各大船公司已经雄踞各方，新兴的中国远洋集装箱船队要与之竞争，也非常不易。

知识链接

中国远洋集装箱船队发展历程

1958 年，交通部远洋运输局成立，同时在广州成立交通部远洋局驻广州办事处。

1961 年 4 月 27 日，新中国第一家国际海运企业——中国远洋运输公司宣告成立了。同时，也诞生了中远公司广州远洋运输分公司（简称广州分公司）。中远公司成立当年，除“光华”号轮，还有“新华”号轮、“和平”号轮、“友谊”号轮。

知识链接

1964 年 4 月 1 日，中远公司的第二个分公司上海远洋运输分公司（简称上海分公司）宣告成立。

1970 年 10 月 1 日，天津远洋运输分公司（简称天津分公司）宣告成立。

1972 年 9 月，交通部发布《关于重新组建中国远洋运输总公司的通知》，组建中国远洋运输总公司（以下简称中远总公司）。

1976 年 7 月 1 日，中远总公司又成立了一个专门承运散装货的分公司—青岛远洋运输分公司（简称青岛分公司）。

1979 年 5 月 1 日，经交通部批准，将中远各分公司改称为所在地区的远洋运输公司。如广州分公司改为广州远洋运输公司（简称广远公司）。

1980 年 1 月 1 日，中远总公司成立了第五个子公司，也是国内以经营油轮运输为主的远洋油运公司——大连远洋运输公司（简称大远公司）。

至此，中远总公司从事远洋运输的五支劲旅初步形成。

初涉集装箱业务，怎么管理这么多集装箱呢？初期，中远总公司的集装箱由各船公司自行使用和管理，随着业务的迅速发展，集装箱保有量和租箱不断增加。

1984 年，每天在各航线上周转的租箱就有 15000 个，占整个中远箱量的 1/3 左右。当时，由于管理跟不上，有的航、港、中转站对集装箱的动态管理、交接手续不严，集装箱丢失；同是中远的集装箱，不同分公司之间的不能通用，各用各的。

为扭转集装箱管理各自为政，分散经营的局面，提高利用效率，中远总公司将全系统的集装箱收归总公司统一管理。1991 年 11 月，中远集装箱管理中心成立，相继设立了上海、天津、广州、香港、欧洲、美洲集装箱管理分中心。集装箱的统一管理，加速了箱子的周转，集装箱船舶箱位与箱子的比例，由 1992 年的 1∶2.81 降低至 1993 年的 1∶2.33。

1993 年，迫于国际航运市场竞争压力，中远决定对集装箱船队实行“集中经营、分散管理”的改革。于 1994 年 1 月在北京成立了中远集装箱运输总部，总部下设 8 个部门。

1997 年 7 月，中远总公司决定对中远航运体制进行改革。将中远集装箱运输总部搬迁上海，与下属的上海远洋运输公司合并成立“中远集装箱运输有限公司”，实现对中远集装箱船队的统一经营管理。

1998 年 1 月 27 日，中远集装箱运输有限公司的成立，标志着中国远洋运输中，集装箱方式基本独立成体系：独立专业的管理团队、专用的集装箱船、专用的集装箱码头、专用的集装箱装卸设备。

到 2001 年，中国对外轮开放的港口已达 140 多个，有 30 个国家的近百家境外航运公司在中国内地港口开辟了集装箱班轮航线，在中国 2900 多个近洋航班和 300 多个远洋航班中，占有 44％和 71％的市场份额。中国已经与 56 个国家签订了海运协议。

★ 货源问题：我国外贸运输体制的改革开放

新中国成立后，外贸实行垄断经营体制，外经贸运输也独家经营。港口、远洋船队、国际货运代理、船舶代理、理货、铁路、公路…… 都是按照计划经济“合理分工”，分头垄断经营。改革开放就是要打破垄断，放开市场。

1979 年 11 月 20 日，在国务院直接领导下，国家进出口委在北京召开全国进出口会议，历时一个月。这次会议明确：

首先，开放长江港口。其次，迅速开航定期航班。确定开辟上海—香港、天津—香港、大连、青岛—香港的“三定”班轮，每月航次可以按照需要逐步增加。同时，根据平等互利原则和我国港口能力，逐步扩大外国“三定”班轮航行我国沿海港口。最后，为适应对外贸易经济发展，在港务管理部门统一规划下，各地方、各企业必要时可以自筹资金建设专用码头，各省、自治区、直辖市可用自筹资金办船队或联营船队。

允许地方和外贸部门自营船队的政策深得人心。从 1980 年 2 月开始，山东、江苏、浙江、河北、上海、广东等地陆续建立了地方船务公司或船队。

此外，上海、天津、大连、青岛都在开至香港的班轮，足见香港在当时我国对外贸易运输中的地位。此时的香港，可以说是中国远洋运输的门户和枢纽。

1981 年，国务院召开会议，研究外贸运输体制改革。这次改革，定下了外贸运输的基本政策，会后发布了《关于改革外贸运输管理体制问题会议纪要》。

知识链接

关于改革外贸运输管理体制问题会议纪要

发文单位：国家经济委员会、进出口管理委员会、交通部、对外贸易部

发布日期：1981-1-12

一九八〇年十一月十四日，谷牧同志召集国家经委郭洪涛、郝一军，国家进出口委周建南、季崇威，交通部彭德清、陶琦，外贸部贾石等同志，就改革外贸远洋运输管理体制问题进行了研究，会后有关部门又进行了反复协商，现已取得一致意见。

大家认为，近年来，我国远洋运输事业有了较大发展，但还不能适应对外贸易迅速发展的需要。当前，外贸远洋运输工作中的问题，既有运输能力不足的问题，也有管理体制不合理的问题。根据中央最近关于进一步搞好国民经济调整的指示精神，为了改进远洋运输工作以更好地适应外贸发展的需要，当前拟采取以下办法：

一、大力加强外贸远洋运输工作。

按照现行分工，交通部管国轮，外贸部管租船和外国班轮。在未改变前，两部要继续执行这个分工。

交通部已经建立起一支远洋船队，这是我国远洋运输的主力。今后要采取必要的经济政策，进一步保护和扶持国轮

知识链接

的发展。在同样条件下，优先使用国轮，充分发挥国轮的作用。国轮要在承担运输任务方面起骨干作用，努力改善经营管理，提高服务质量，更好地为发展对外贸易服务。在国内需要时，也可参加国内运输。

外贸部已经买进了一些船，同意这部分船参加远洋运输，具体吨位数由外贸部报国家经委、国家进出口委备案。在安排运输计划和进行日常调度时，要加强国轮和租船的平衡工作。在国轮运力不足时，再租用外轮。

在统一规划下，经国家批准，各省、自治区、直辖市可以根据本地区对外贸易的需要，开办与交通部远洋运输公司合营或自营的近洋运输船队。

各船公司或船队要实行独立经济核算，加强经营管理，开展竞争，比安全、比服务质量、比成本、比运价。

交通部要加强管理工作，帮助其他部门培训船员，搞好船队建设，组织大家搞好运输工作，协调一致，统一对外。

各外贸港口，对各单位的船舶要一视同仁，装卸作业应根据先计划内、后计划外和到港先后次序的原则，进行排队。

货主和外贸部门各专业公司可根据择优托运的原则，向船公司托运进出口物资，签订经济合同，明确承运、托运双方的责任，有奖有罚。如有一方违反合同而承、托双方不能自行解决时，由当地经委或口岸办公室仲裁。

二、搞好进出口船货平衡工作。

运输部门要逐步增加航线，增开班轮、开展集装箱和直达运输业务。零星小批量的出口物资，要积极开办国内港口和国外港口的中转业务，保证及时外运，按时交货。托运部门对外签订合同，要充分利用国轮，组织好货源，合理安排货物到港流向，搞好均衡到货，做好入库接卸工作，加快疏运。

知识链接

交通、外贸两部要根据上述要求，密切协作，加强计划管理和组织落实等工作，继续开好出口船货平衡会，有事及时商量解决。国家经委、国家进出口委每季检查一次执行情况。

三、同意交通部在上海远洋运输分公司实行扩大企业自主权的试点。通过试点，切实加强远洋运输企业的经营管理，提高服务质量，促进运输发展，更好地为外贸服务。

四、同意交通部在沿海外贸港口实行政企分开的试点。要加强港口行政管理工作；港口的企业部分，根据业务的需要，可成立装卸公司和服务公司等，独立核算，自负盈亏。

可以利用外资建设码头泊位，货主也可以自建专用码头，但要根据经济合理的原则，在统一规划下进行。

交通部要尽快制订货主自建码头管理办法，报国务院批准后实行。

五、关于中远、外运两个总公司的联合问题，拟以国家经委为主，国家进出口委派一负责同志，交通、外贸两部各派一位副部长参加，负责研究起草联合方案，报国务院审批。

1984 年，国务院《关于改革我国海运运输管理工作的通知》规定："中远公司经营船队，其所属外代公司经营船舶代理业务和租船，外运公司经营货运代理业务和租船，为了搞活经营，允许一定程度交叉，中远所属外代公司可以承揽部分货物和租用少量船舶，与货主建立直接的承托关系；外运公司可以经营部分船队和少量船舶代理业务。"上述企业之间开始竞争。

1988 年，国务院办公厅下发文件规定："船舶代理（以下简称船代）、货运代理（以下简称货代）业务实行多家经营，分别由船公司和货主自主选择，任何部门不得进行行政干预与限制。"

1992年,中美两国海运协定商谈定,中国允许美国两家船公司在华设立子公司。1992年,国务院下发《关于进一步改革国际海洋运输管理工作的通知》(国发〔1992〕64号)。自此,中国船舶运输市场完全放开。

知识链接

国务院关于进一步改革国际海洋运输管理工作的通知

国发〔1992〕64号

各省、自治区、直辖市人民政府,国务院各部委、各直属机构:

为了适应对外经济贸易发展的需要,我国国际海洋运输管理工作先后进行了一系列的改革,对搞活外贸运输、推动国际海洋运输事业的发展起到了积极作用。但是,由于在国际海洋运输管理中政企不分,行政干预过多,一些改革措施没有到位,使得货运代理(以下简称货代)、船舶代理(以下简称船代)及国际海洋运输企业(以下简称船公司)的经营等都受到不同程度的制约,企业缺乏活力,影响了我国国际海洋运输事业的发展。因此,必须对我国国际海洋运输管理工作进一步改革。特作如下通知:

一、放开货代、船代,允许多家经营,鼓励竞争,以提高服务质量。凡符合开业条件、合法经营的企业(包括取得企业营业执照的分支机构),经批准都可以从事货代、船代业务,货主和船公司有权自主选择货代、船代,承运人与货主可以建立直接的承托运关系,任何部门都不得进行行政干预。

二、充分调动各方面的积极性,发展国际海洋运输事业。凡符合开业条件、合法经营的企业(包括大型企业集团和专业进出口公司),经批准都可以建立船公司,从事国际海洋运输业务。

三、按照《全民所有制工业企业转换经营机制条例》的规定,扩大船公司经营自主权。船公司根据国家的宏观要求,可自主决定航线经营、船舶配置、运力增减、船舶更新。

知识链接

四、对国内船公司目前无力开辟的航线或航班密度不够的航线，应本着对等原则吸引外资班轮或侨资班轮挂靠我国港口，但不得经营沿海运输。有步骤地允许外国船公司在我境内开办独资或合资船务企业，经批准，可为其自有船舶进行揽货、签单、结汇和签订业务合同。

五、切实转变政府部门的管理职能。交通部、经贸部要按照政企职责分开的原则，简政放权，减少对企业具体事务的审批和行政干预。目前，货代管理的方针政策、法规、统计调查仍由经贸部归口负责；船公司、船代管理的方针政策、法规、统计调查仍由交通部归口负责。今后，两部主要是通过宏观调控和经济、法律等手段，对从事国际海运的船公司和货代、船代行业进行宏观管理，并参照国际惯例和根据我国国情，制定公正、合理的船公司、船代、货代经营资格标准和审批管理办法，为企业提供一个公平竞争的市场环境。两部对参与竞争的企业要加强行业管理，一视同仁，不得因隶属关系不同而对企业有亲疏之分。各级地方政府也要简政放权，并防止地区保护主义。

六、交通部要借鉴国外发展航运业的办法，商有关部门尽快研究制定促进我国海洋运输事业发展的具体政策，报国务院批准后执行。

交通部、经贸部以及其他有关部门，要尽快研究制定国有船代、货代企业和船公司与外资、合资船代、货代企业和船公司在税收和经营上平等竞争的具体政策，以及完善监督、约束机制，打破条块分割、封锁、垄断，取缔非法经营等远洋运输市场的管理办法，报国务院批准后执行。

七、交通部、经贸部所属企业要充分发挥自己的优势，并采取“联营”或“参股”等多种形式发展横向联合。

八、经贸部、交通部要在国际海洋运输管理工作中加强团结，密切合作，协商办事。遇有与其他部门有关的问题，必

知识链接

须商得有关部门同意或联合行文，不得单独下发与有关部门意见有分歧的文件。对协商不一致的重大问题，可报国务院决定。

九、中国远洋运输总公司、中国对外贸易运输总公司是我国最大的两家外贸运输企业，应享受国家给予的同等政策待遇。有关部门要给予支持，增强他们的对外竞争能力，促进我国国际海洋运输业的发展。

十、各有关部门要根据本通知的精神，对本部门以前所发文件进行清理，凡不符合本通知规定的，要按本通知的规定修改后下发执行。

本通知自下发之日起执行。

国务院

一九九二年十一月十日

第六章　现代集装箱在中国铁路上的坎坎坷坷

现代社会，人类出行或者运货通常有四种方式：一是乘汽车在陆地上走，二是乘火车在铁路线上走，三是乘船在水上（江河湖海）走，四是乘飞机在空中飞。前两种是在陆地上，后两种一个在水上，一个在空中，陆海空都有了。当然单就运货来说，还有一种专门运液体、气体货物的，是管道，主要是原油管道和天然气管道。

★ 说说中国铁路货物运输

中国铁路是从清末第一条正式运营铁路——唐山—胥各庄铁路（全长 9.7 公里，现为北京—沈阳铁路的一段）开始的。截至 2020 年年底，全国铁路营业里程已达到 14.63 万公里，其中高铁营业里程 3.79 万公里以上，2020 年全年完成货物总发送量 35.8 亿吨。

铁路是中国的“国民经济大动脉”，在中国的政治经济生活中有着特殊重要的意义。

关于铁路货运，很多人也许都听说过，但可能没有接触过的，还有点神秘的“车皮”。

作为实物的车皮（车辆）主要有三种：棚车、敞车、平车。棚车（图 6-1）主要用于装运日用百货、粮食、电器、危险品等怕被淋湿的货物。敞车（图 6-2）主要用于装运煤、焦炭、铁矿石、钢材、木材等大宗货物。平车（图 6-3）主要用于装运集装箱、汽车、坦克、大型机械等货物。

铁路运货以每辆车为单位来进行组织。按照《铁路货物运输规则》规定：铁路货物运输种类分为整车、零担和集装箱。一批货物的重量、体积或形状需要以一辆以上货车运输的，应按整车托运；不够整车运输条

图 6-1　棚车

图 6-2　敞车

图 6-3　平车装集装箱

件的，按零担托运；符合集装箱运输条件的，可以按集装箱托运。

关于收费，如果你用整车方式托运货物，收费是按货车的标记载重收费，不管你能不能把车皮装满。零担呢，是按货物实际重量（或体积）收费，但费率肯定比整车的要高许多。集装箱与整车类似，按箱收费，一箱多少钱，不论是否装满。

货物装上车皮以后，又是怎样在全国铁路网（线路）上把它送到目的地呢？这就是铁路运输组织。

铁路运输就是机车（火车头）拉着车辆（车皮）在铁路上跑。大家都能看到，火车头拉的是长长一列车皮。为什么呢？如果一个火车头只拉一个车皮，那实在是太浪费了。对铁路来说，效率太低了，不可接受。

这长长一列车皮，在铁路上叫作“车列”，它的组成——重量、长度，就叫作“编组”。每个编组，都是铁路技术部门根据机车（火车头）、车辆（车皮）和线路等级等技术条件科学确定的，保证铁路多拉快跑。

“编组”还有一个重要的内容，就是这些车皮都装着什么东西呢？这些车皮都是到一个地方吗？

当然不是！例如，成都发往上海的货物，每天都是有限的，不太可能凑足一列。但如果多等几天凑足一列呢？货主又不干。货主托运了货物，就等着交货呢。

于是，铁路就像“赶鸭子”一样，把从成都到上海的、到苏州的、到南京的、到杭州的车皮，凑在一起，编成一列，先开它一段，到南京再说。于是一列货车经过四川、重庆、湖北、江苏省的铁路，一路开到了南京西站——铁路所谓专门用于解体、编组车列的编组站。在南京西站，这一列从成都开过来的车列被分散。终到南京的，就被送到货场去交付卸车；要继续前行到上海的，就和南京装车始发到上海的，其他地方（如广州、南昌等）通过另外的车列到南京西等着中转去上海的车皮一起，重新组成了新的一列车列，继续开往上海。

到苏州的呢？就和其他到苏州的车皮重新编组了，到杭州的也一样。于是，大家分手继续上路。

编组站（图 6-4）每天都要解体几十列到达的车列，也要重新编组几十列出发的车列。

在全国的铁路网上，有很多铁路精心布置的编组站——南京西、汉口西、郑州北（图 6-5）、丰台西、徐州北、南翔等编组站，它们在一个铁路叫作“编组计划”的技术方案指导下，精密、协调运作，将每天列车所装货物快速、准确地运送到目的地。

图 6-4　铁路编组站

图 6-5　郑州北站——亚洲最大的编制站

★ 说说中国铁路的集装箱

所谓铁路集装箱运输，是指所有在铁路上运输的集装箱的总和，而不专指铁路部门是箱主的集装箱的运输。

实际上，每年通过铁路运输的集装箱（铁路运输集装箱），其发送量只占铁路货运总发送量的 4.52%，货物周转量只占 8.54%，加上客运，换算周转量只占5.36%(2016年数据)。

因此,集装箱在铁路上从来都是一个小角色。

但是,在中国集装箱界,有一种说法,就是说“中国的集装箱运输,始于铁路”。这也是特别为铁路人津津乐道的。

20世纪40年代,苏联及欧洲铁路开始使用集装箱运输货物,当时使用的是容积为4.93立方米的小型箱,平均载重1.3～1.5吨,使用敞车运输。到了20世纪50年代,苏联等东欧国家的铁路集装箱运输对中国铁路产生了影响。

1955年1月,铁道部签发了《关于试办集装箱运输货物的指示》(铁商营武〔1955〕字第15号令)。这个指示要求各铁路管理局立刻开展使用集装箱运输货物对国家经济的好处的宣传:“对货主,可大量节省运输包装工料费用,进一步保障货物完整和安全,减少损失,集零为整运输迅速并节省运费以降低货物成本。对铁路,简化货运手续,减少商务事故,促进装卸机械化,缩短货车停留时间,节省棚车及仓库,扩大平车装载范围,进一步提高铁路运输能力。”

当时,中国铁路面临恢复国民经济的压力,煤炭、矿石、石油、粮食等重点物资都运不过来,而三吨箱(图6-6)的运量占货运总量的比重微乎其微。且发展集装箱所需的场地、装卸机械需大量投资,铁道部面临的财政压力可想而知。在这样艰苦的条件下,下决心发展集装箱运输,足可看出当时铁路领导人的远见卓识。

然而,从现代集装箱的概念来分析,这种三吨箱并不是现代意义上的集装箱,三吨箱的运用并不能叫作“中国的集装箱运输始于铁路”。只能说,中国铁路最早开始探索用集装箱来解决运输中的困难。遗憾的是,中国铁路在集装箱这条道路上的探索一直没能突破。

1978年,是中国历史上划时代的一年。党的十一届三中全会胜利召开。随着党和国家工作中心转移到经济建设上来,国民经济对铁路运输的需求大增,货运能力更加远远不能满足需求。

铁路面对铁路零担运输效率低下、货物丢失损坏严重等问题,又重新开始重视起集装箱来。

1978年,铁路建立了“全路集装箱运输行政管理体系”。铁道部运输

(a) (b)

图 6-6 中国铁路学习苏联，引进的三吨箱

局设立集装箱处，各铁路局货运（运输）处设立集装箱科，各铁路分局货运科设立专职（或兼职）集装箱管理人员，各站设立集装箱办公室（或车间、营业所）。

新机构成立后，面临的几乎是一片空白。据 1977 年的统计数据，当时全路只有损坏严重的一吨箱 7 539 个，五吨箱 302 个，没有一个 ISO 标准的 20 英尺集装箱，全年全路发送集装箱货物 213 200 吨。铁路关于集装箱承运、交付的规章制度基本搁置或废弃。

这就是中国铁路集装箱事业的起步。

铁路在集装箱发展上的工作可以分为两条线：一是“探索”铁路自己的集装箱，二是学习和接受现代集装箱运输方式。

而最终，在 1990 年，铁路集装箱运输成为铁路零担、整车之外的第三种运输方式，逐渐形成了目前的铁路集装箱运输体系。

第一条线：“探索”铁路自己的集装箱。

1978 年，铁路新成立的集装箱专门管理机构立即开始制造新箱。造箱就要选择箱型，选择箱型就要涉及是否遵循国家标准。当时，铁路采用的策略是“推广一吨箱，转产五吨箱，开发十吨箱，联运国际箱”。

——推广一吨箱。

从 20 世纪 50 年代初，铁路发展集装箱主要是吸引零担货物。零担货物批数大、重量小，其中相当部分适合一吨箱装运。一吨箱的外形尺寸长×宽×高为 1 300 毫米×900 毫米×1 300 毫米，容积为 1.21 立方米，可装 825 千克货物。1974 年铁道部曾发文定型。一吨箱的设计，考虑了铁路车辆的实载率和短途搬运问题。一吨箱 P50 型棚车可装 55 个，P60 型棚车可装 65 个，充分利用了车辆容积。一吨箱办理站都配有叉车，中转、装卸作业非常方便。

铁路一吨箱都是在铁路自己内部的工厂制造，主要有铁道部宝鸡桥梁厂、郑州装卸机械厂、上海市集装箱厂等。

由于铁路一吨箱适合 20 世纪中国的“小买卖”“个体户”做生意，需求曾一度十分旺盛，到 2003 年铁路一吨箱的保有量曾达到 41.19 万个。

——转产五吨箱。

1974 年，铁道部组织研制五吨箱时考虑的是铁路自己的 C50（载重 50 吨）的主力车型的尺寸。该五吨箱铁路自称为 TJ5，外形尺寸长×宽×高为 1 680 毫米×2 650 毫米×2 650 毫米，一车装 8 个，称为 1 组，载重利用率能达到 80%。

但是，与铁路早先研制的一吨箱不同，这种五吨箱需要在铁路、公路、水运等不同运输方式之间的转运，需要吊机作业，这必须和公路、水运部门“统一箱型尺寸”。

1977 年，当铁路准备定型生产 TJ5 时，第一次受到了集装箱标准的冲击。当时，国家已于 1976 年成立了“集装箱标准化联合工作组”。铁道部为组长单位，交通部为副组长单位。1976 年 2 月，联合工作组在北京召开了第一次工作会议，会上讨论并提出了我国集装箱重量和尺寸系列的初步方案。

1977 年，联合工作组召开了第二次工作会议，主要就是讨论五吨箱的外形尺寸问题。铁路、水运、公路部门之间争论激烈。铁路部门坚持 TJ5 型的尺寸，理由是能充分利用铁路运输能力。交通部门（公路、水运）坚持采用国际标准 ISO 第一系列 IF 标准，外形尺寸长×宽×高为 1 460 毫米×2 438 毫米×2 438 毫米，理由是“与国际接轨，实现联运”。

在当时的国家标准总局的协调下，经铁道部、交通部反复讨论、协商，最后将外形尺寸长×宽×高定为 1 968 毫米×2 438 毫米×2 438 毫米。这样，虽然箱体长度比国际标准长 508 毫米，但宽度一致，便于吊具、拖车锁固。铁路将这种五吨箱称为 TJ5A 型，原先的 TJ5 型箱被迫放弃了。

TJ5A 型的标准纳入了我国第一个集装箱国家标准《货物集装箱外部尺寸和重量系列》(GB 1413—78)。但铁路部门始终认为："这种箱每车只能装 6 个，载重利用率只有 60%，严重浪费了铁路车辆的载重量和容积，是一种先天不足的箱型。"从 1978 年开始，TJ5A 型五吨箱共生产了 40 968 个，到 1987 年全部停产。

这是国际集装箱标准第一次对中国铁路产生了冲击。

——开发十吨箱。

在 1985 年，铁路开始考虑开发新的适合铁路运输的集装箱的时候，国家已经公布了国家的集装箱技术标准《集装箱外部尺寸和额定重量》(GB 1413—1985)。该标准主要采用了 ISO 668—1979。ICC 系列 20 英尺集装箱总重限定为 20 320 千克。

铁路囿于自己的技术标准——主力车型每辆货车载重 60 吨，如 C62(敞车)内部尺寸长×宽为 12 500 毫米×2 890 毫米，高度上的限制是 3 050 毫米。要装集装箱，尺寸不是问题，但载重不能充分利用。一车装载两个 20 英尺集装箱(ICC)，载重利用率只有 66.7%。

同时，在 1985 年，铁路各站能起重 20 吨的装卸设备寥寥无几，配套装卸设备所需的资金也让铁路望而却步。

权衡再三，铁路自己提出了研制十吨箱的设想。十吨箱的研制从 1985 年底开始，由铁道部运输局、铁道科学研究院、山海关桥梁厂、武汉工程机械厂参加。

最初，十吨箱外形尺寸设计长×宽×高为 3070 毫米×2500 毫米×2650 毫米，总重 10 吨。一辆铁路货车能装 5 个，载重利用率达到 80%。

1987 年 2 月，铁道部申请将上述十吨箱列为国家标准，交通部门(公路和水运)又提出了不同意见。他们提出，铁路十吨箱的四个角件的锁固孔中心位置在宽度上比当时国家标准《集装箱外部尺寸和额定重量》(GB 1413—85，也就是 ISO 668—1979)的 2438 毫米宽了 62 毫米。这样，他们就无法使用现有公路、水运场站的吊具和拖车来转运铁路十吨箱。

有了五吨箱的经验教训，铁路部门只经过短暂讨论，就决定制造“非标角件”，改变孔中心位置，使横向两角件孔距与国际标准集装箱一致，以求联运通用。最后，铁路将使用“非标角件”的十吨箱定为 TBJ10 型。国家标准局将其批准作为铁路行业标准办理。至此，铁路十吨箱正式诞生，随后也主要在铁路上使用。

1996 年，铁路开始推广 20 英尺国际标准集装箱后，铁路十吨箱就逐渐淘汰了。十吨箱累计共生产了 10 万多箱。1995 年，铁路十吨箱发送量达 181 万箱，年运输货物 1472 万吨，占中国铁路集装箱货物发送量的 64%。当时，铁路曾经以十吨箱为换算标准(CTU)，一个 20 英尺集装箱换算为 2 个铁路 CTU。

铁路人开发了一代又一代自己的集装箱，为什么没有像麦克莱恩发明的“理想 X 号”上使用的集装箱一样发展壮大起来呢?

第二条线:学习和接受现代集装箱运输方式。

铁路自己的集装箱发展不起来，现代集装箱来敲门了。

——中国铁路接运国际联运集装箱的历程。

由于地缘关系，中国铁路与苏联在满洲里接轨。中国铁路第一次接触国际标准尺寸集装箱是在 1971 年铁组[①]的会议上。

铁组的全称是铁路合作组织，是在 20 世纪 50 年代，苏联、民主德国等国由于铁路相互接轨，为保证铁路国际联运客货运送，需要制定统一的法律和经济标准而成立的政府间组织。1956 年 6 月，参加铁组的 12 个国家在索非亚举行了第一届部长会议。1957 年第二届部长会议在北京举行。图 6-7 为铁组 55 周年纪念徽章。

在欧洲，1966 年 4 月，美国马尔科姆·麦克莱恩的海陆公司的“仙境号”(FAIRLAND)集装箱船首航欧洲，跨洲国际定期集装箱航线确立。随着 20 英尺、40 英尺集装箱的运用逐渐广泛，海运的国际标准集装箱越来越多地由欧洲的铁路运输。

1971 年 10 月 18—22 日，在铁组委员会第三专门委员会例会上，匈

① “铁路合作组织”简称，下同。

图 6-7 铁组 55 周年纪念徽章

牙利、民主德国、波兰、捷克斯洛伐克报道了四国铁路开展国际集装箱联运的情况。当时，中国铁路驻华沙人员，将其中审核过境运费的方案报回国内，使中国铁路的管理层第一次接触到了现代意义上的 20 英尺、40 英尺集装箱。

对铁组运送国际标准集装箱的建议，中国铁路迟迟未予答复。铁路自己回顾其原因有三：一是当时国内对欧洲内陆进出口货物不多，紧迫感不大；二是当时我国铁路 20 吨起重能力以上的起重机极少，接运装卸能力太低；三是当时我国集装箱运输管理相对薄弱。

1972—1981 年，我国经国际铁路联运出口的货物基本使用棚车装运，在满洲里口岸(图 6-8)出境。

知识链接

中国铁路“联运”的三种方式

在陆地边境口岸上，与俄罗斯、哈萨克斯坦、蒙古等国铁路接轨运输时，称为“国际联运”；与香港特别行政区接轨运输时，称为“过轨运输”；与内地港口之间的联运，称为“海铁联运”。一般地，铁路就有这三种联运方式。

在满洲里，进行国际联运时，在没有采用集装箱运输方式之前，就需要将货物从我国的准轨货车上换装到苏联的宽轨货车[①]上。货物必须掏

① 我国铁路采用准轨标准，轨距为 1 435 毫米，苏联铁路采用宽轨标准，轨距 1 520 毫米，这样两国铁路机车和车辆都不能直接开到对方的铁路上。

图 6-8　铁路满洲里口岸

出来，再装去。丢失、破损现象时有发生。

1981 年，满洲里海关发文，向铁道部反映出口货物用棚车装运，产生货物破损较多的问题。

1980 年湖南省外贸局发文至铁道部，请求解决湖南省出口伊朗等国货物，经满洲里口岸换装集装箱运输的问题。

1981 年 11 月，中国对外运输总公司发文《关于商定中国芬兰间，铁路集装箱支付过境运费的函》(〔1981〕陆字第 314/253 号)，提出实行集装箱国际铁路联运的建议。

1981 年 3 月，铁道部外事局颁发《关于用大型集装箱装货试办国际铁路联运问题》(〔81〕外联字 23 号)，决定在北京、沈阳、济南等 11 个铁路局的东郊、辽阳、青岛、中华门、江岸、西安西等 17 个车站办理 20 英尺集装箱运输业务。规定其运输条件比照包装箱，按整车货物办理，由此揭开了国际铁路联运接运国际标准集装箱的序幕。

1982 年 9 月，铁道部发《关于公布大型集装箱运输货物的暂行规定的通知》(〔1982〕铁运字 1643 号)，第一次正式对铁路接运的国内、国外大型集装箱的运输管理、车站操作做出了规定。

1983 年，铁路运输大型集装箱(20 英尺集装箱和 40 英尺集装箱) 2 100 标箱。

应该指出的是，当时铁路部门将 20 英尺集装箱按包装箱看待，按整车货物办理，说明当时铁路上下对集装箱还是缺乏认识，没有认识到它作为一种先进运输方式的重要意义，仅仅当作是"一种货物"。

直到 1990 年 2 月，大型集装箱的运价改为按箱计费，国际集装箱运输才从整车运输方式中独立出来。1990 年 5 月，铁道部正式颁布文《关于发布国际集装箱运输管理暂行办法的通知》(铁运〔1990〕74 号)，国际集装箱运输的管理体制、运输条件、货运组织、费用清算等得以正式确立。

在铁路集装箱发展历程中，亚欧大陆桥铁路国际联运起到了巨大的促进作用。

1986 年 1 月 25 日，《人民日报》编印的第 506 期情况汇编副页上，"修通欧亚第二大陆桥刻不容缓"一文中指出了利用兰新线，打通通往欧洲第二大陆桥的重要意义。国务院、铁道部领导对此很重视，指示要重视大陆桥工作。

1990 年 4 月，国务院生产办发会议纪要，将我国的大陆桥正式定名为"亚欧大陆桥"。

1990 年 9 月 12 日，中国北疆铁路与哈萨克斯坦土西铁路在阿拉山口口岸正式接轨，新亚欧大陆桥正式贯通。

1990 年 9 月 15 日至 19 日，在乌鲁木齐市由铁道部运输局与中国集装箱运输总公司联合召开了集装箱运输工作会议。在会上对开展新亚欧大陆桥运输问题，提出要："态度积极、步伐稳妥、精心组织、逐个突破"的意见，确定了铁路开展大陆桥运输的原则。

1991 年 7 月 20 日，铁路开始办理经阿拉山口的国境站的边贸运输。

1991 年 11 月 19 日，国内动态清样第 2836、2837、2838 连续 3 期刊登《大陆桥热为何降温》的文章，国务院领导批示，责成有关部门答复。1991 年 12 月 31 日，铁道部以《关于对国内动态清样反映亚欧第二大陆桥有关问题处理意见的函》(铁计函〔1991〕608 号)，向国务院生产办反映了铁路的实际能力情况，并提出了铁路对开展大陆桥运输的意见，继续抓紧这条线的设备配套和对外谈判工作。

1992 年 1 月 30 日，日本货物铁道株式会社高层管理人员到铁道部拜访李森茂部长，提出日本铁路与中国铁路合作开展亚欧大陆桥运输问题。会谈中，李部长专门介绍了中国铁路开展大陆桥运输的情况，表示中国铁路将铺划从连云港—阿拉山口的集装箱快运直达列车线，每天一列，每年运输约6万标箱。

1992年3月24日，铁道部专门成立了大陆桥运输领导小组，统一领导铁路部门陆桥运输工作，具体业务由集装箱处负责联系组织。

1992年4月1日，铁道部铺划了从连云港—阿拉山口的集装箱快运直达列车运行线，全程运行172小时。

1992年4月10日至5月1日，由国家科委组团，国务院生产办、铁道部、交通部、海关总署、天津市、济南铁路局派人参加，赴韩国、日本考察。用了20天时间，对两国的过境运量进行了调查，与两国有经验的公司商谈，并在东京召开了有70多个公司参加的说明会，广泛宣传了我国大陆桥运输的各项政策。

1992年12月1日，连云港市政府在港口举行了隆重的首列亚欧大陆桥集装箱过境列车开行仪式。

正因为新欧亚大陆桥国际联运，集装箱的问题频频浮现在铁道部领导面前，使得集装箱这种先进的运输方式逐渐得到重视和认可。日本铁路来访，不谈车皮（棚车、敞车）运输，只谈集装箱，给中国铁路管理层留下了深刻的印象。

——中国铁路接运海运国际集装箱的历程。

国际集装箱对中国铁路的冲击还来自海上。海运集装箱也来扣中国铁路的大门了。

进入20世纪80年代，随着我国改革开放，海运国际集装箱运量剧增，大量涌入我国东部、南部沿海港口。此时，世界上国际航运已经普及了ISO标准的20英尺、40英尺集装箱。1978年9月，我国也开行了第一艘国际集装箱班轮——"平乡城"轮，从中国上海—澳大利亚悉尼。

自1982年，铁道部也开始接运港口的海运国际集装箱，同理：当做包装货物，也按整车办理，运费比照整车9号费率，运量也一直不大。

1983年，为充实市场，提高人民生活水平，国家进口了一大批彩电等电器商品。当时的船公司服务只到港口，大部分电器在港口必须从集装箱中掏出来，再装铁路棚车、装汽车转运，这一掏一装，货物破损严重。

1984年1月9日，国家经委发《关于印发"加强国际集装箱港口集疏运工作暂行办法”的通知》(经交〔1984〕24 号),指出:我国外贸物资采用集装箱运输越来越多,为加快我国集装箱运输的发展,要求“内地运输要采用集装箱门到门运输,路程在 200 公里左右的,原则上安排汽车运输;200 公里以远的,安排铁路运输。铁路部门应根据需要,尽快增添设备,扩大内地接运国际集装箱的能力。”

于是,铁路部门自然对接运海运集装箱重视起来。1984 年 2 月 14 日,铁道部转发了国家经委的《关于印发“加强国际集装箱港口集疏运工作暂行办法”的通知》,规定要“指定专人管理,做好国际集装箱港口疏运工作” 。

1986 年 7 月,铁道部颁发《关于修改大型集装箱运输货物暂行规定的通知》(铁运〔1986〕659 号),铁路国际集装箱运输逐步走上正轨,但仍按整车方式办理。

1986 年 8 月 12 日,铁道部运输局同意在外贸专用线接运国际集装箱,公布了国际箱办理专用线 46 条。这对铁路来说也是思想的一个突破,在之前,铁路集装箱只能在铁路货场办理。

1986 年 10 月,几经周折,铁道部运输局与中远签订了《国际箱海铁联运协议》,决定开展海铁联运,中国铁路这才正式开启了国际集装箱海铁联运的时代。

这是一个非常了不起的进步,以前,铁路总是“疏运”“接运”集装箱,往往把它简单地看作是一批货物,也许是不得不完成任务的一批货物。而这时,是在“联运”集装箱,可以看作是海运在陆地上的延伸了,是一种新的运输方式。这是观念的巨大进步,集装箱运输开始从零担货物运输中独立出来。

1986 年 11 月,中国—美国装运瓷砖的中远海运集装箱首批试运成功。

1987 年 1 月,铁道部发《关于公布国际集装箱海铁联运实施办法的通知》(铁运〔1987〕93 号)。

1988 年 3 月,铁道部运输局与经贸部对外运输总公司也签订了海铁联运协议。至此,中国铁路与国内两大外贸运输系统的国际集装箱都开展了海铁联运。

为促进国际集装箱联运的发展，1988—1990 年，国家计委和交通部组织了以上海港为枢纽，对内、对外辐射两个扇面的国际集装箱工业性试验（简称工试）。铁路部门积极参与，促成了铁海联运管理体制、运输条件、费用清算等方面逐渐成熟。

2001 年，中国加入 WTO 以后，中国的对外贸易额、进出口集装箱运量、港口吞吐量爆发式增长。铁道部适时推出了港口—内地集装箱“五定”班列，这种铁海联运班列受到港口船公司的普遍欢迎，到 2010 年，全国各主要港口开行的班列达到 8000 多列，装运 70 多万标箱。

——中国集装箱运输群雄并起的年代。

20 世纪 80 年代，随着第一份全国性集装箱发展指导性文件《关于发展我国集装箱运输的若干规定》正式发布，国内交通部的海运、水运、公路部门，外贸部的外运公司，物资部的中国集装箱公司和邮电部的邮件部门及各地众多联运、货代单位都相继开展了集装箱运输或代理业务。虽然都是刚刚开始，运量不大。但围绕着箱型标准、短途运输设备、联营联运、运价杂费等都各持己见。如何处理好与兄弟单位的关系，尽可能优化外围环境，也是铁路不容忽视的问题。“中国铁路集装箱运输不可能封闭运行，与兄弟单位开展联营联运是快速发展我国集装箱运输的重要手段。”

铁路参与的集装箱联营联运，有国外的、国内的，路内的、路外的。其中比较大的项目有三个：

● 东北地区的集装箱铁水联运。

1983 年，全国集装箱工作会议召开，直接促成铁路在东北地区的铁水联运项目。

1984 年 8 月，国家经委组织铁交两部开展了东北三省经大连港—上海地区的铁水集装箱联运。水陆联运的集装箱采用五吨箱，总数量 600 个。由国家经委拨款，交由铁路生产并进行管理。联运集装箱全部由铁路车站办理承运手续，一次托运，一票到底，一次收费（包括铁、港、海运、上海汽运各区段）。

从 1984 年 9 月到 1986 年年底，上海地区发往东北 14 000 多个集装箱，东北地方发往上海 20 690 个集装箱。存在的问题是，双向运量不平衡。水陆联运价格低，铁路车站积极性不高。

该项目一直持续到20世纪90年代，后由于铁、海各自运输能力提高，考虑到三家清算确实麻烦，再加上五吨箱逐步破损、淘汰，三部委也失去了推动积极性，上海地区—东北地区间集装箱水陆联运随之停止。

- 开展集装箱邮件运输。

1983年，国家邮电部生产了一批五吨箱，开展各主要城市间的邮件运输业务。虽说比铁路客运邮政车速度慢，但装载量大、安全性好，便于实现门到门取送。当时，这也是邮电部的一项创新举措，铁道部大力支持，按照企业自备集装箱给予运输。但到20世纪90年代，随着五吨箱逐步淘汰，铁路大量提供铁路十吨箱，邮电部门的自备五吨集装箱也逐步萎缩、消失了。

- 与中国集装箱公司开展的联营联运业务。

1987年，时属国家物资部的中国集装箱公司（后改为中国集装箱总公司）自己生产了大批一吨集装箱开办运输业务。但是，这些集装箱按照企业自备集装箱办理，在发到地点上受到限制，周转时间太长。当时，中国集装箱公司乌鲁木齐分公司开始寻求与当地车站合作，利用铁路集装箱代办揽货业务。

为了推广和规范双方集装箱合作业务，1987年6月，铁道部运输局和中国集装箱公司联合发《关于加强横向联合，开展集装箱运输的通知》（集运〔1987〕第61号）指出，根据国家经委、铁道部文件精神，鼓励中国集装箱公司与铁路各集装箱办理站开展横向联合，发展集装箱运输。

《关于加强横向联合，开展集装箱运输的通知》主要规定：一是对联营的中国集装箱公司中转站，由铁路车站派人参加，办理铁路承运、交付业务。二是联营中转站收取的集装箱运费、使用费、滞留费按铁道部规定核收，其他收费按物价部门批准的标准核收。三是对中转站从铁路货场提取空箱和送回重箱要做好记录，办好交接手续，对在中转站超期滞留的，铁路部门对中转站要收取滞留费。四是联营中转站的收益协商分配。铁路所得部分，（建议）上缴铁路局10%、铁路分局20%，剩余站段留用。铁路从中转站得到的收益，除支付劳务费外，主要用于发展集装箱。

随后，除乌鲁木齐之外，成都、武汉、广州、南宁等地集装箱联营联运合作逐步开展起来，有几家还创造了很好的合作经验。铁路部门总结到：这对于铁路扩大箱源、货源和场站办理能力，都很有帮助。

1990 年 9 月，中国集装箱公司和铁道部运输局在乌鲁木齐联合召开集装箱工作会议。参加会议的有国家计委、铁道部、物资部、中国交通运输协会；铁路系统有关司局、铁路局、铁路分局、设计院和铁路院校；地方单位有上海市、四川省、甘肃省、新疆维吾尔自治区及天津港等 151 个单位，215 人。

会议肯定了铁路与中国集装箱总公司系统及其他联运单位的合作形式，认为这种联营联运合作为中国铁路集装箱运输发展提供了很好的经验和建议。

铁道部领导在会议讲话中建议，在搞联营联运时注意以下几条原则：一是平等自愿，二是形式多样、互利互补，三是共同服务。在坚持平等关系、自愿原则的基础上，形式可以多种多样。有合资的、有相互代理的等各种形式，不拘一格，不要一个模式。大家有个共同的目标，为货主服务，这是前提，这是宗旨。对货主服务应该做到："经济、方便、快速、安全"。以此为镜，评判者是货主。八个字是目标，联合不是目的。

以上讲话，至今回顾起来也足见当时铁路改革创新、包容开放的精神，完全没有一点"铁老大"思想。

乌鲁木齐会议之后，铁路按照国家计委和铁道部、物资部的指示，调整政策、规范行为，在全国范围内积极推进与中国集装箱总公司、各地联运公司、港口、水运公司及汽车运输公司的联营联运工作。

从此，中国铁路集装箱运输业务逐步受到国内、国际同行的重视。

★ 铁路集装箱发展新时代的到来

1990 年 9 月，在乌鲁木齐召开第一次全路集装箱工作会议，使得 1990 年，成为中国铁路集装箱发展划时代的一年，也可叫作中国铁路集装箱发展的元年。

1991 年，铁道部颁布了集装箱运输"三单独""四优先"政策。三单独：运输计划单列；日请求车单报；统计单独统计。四优先：保证集装箱的审批计划优先;优先配车;优先挂运;优先回空。

按照“三单独”“四优先”的政策,铁道部分别制定了集装箱运输计划的提报、审批、调度配车、挂运,日报、年报的单列统计等具体规定核操作办法。

自此,铁路集装箱运输真正作为整车、零担、集装箱三种运输方式之一,在全路轰轰烈烈地开展起来。

1993 年 2 月 10—12 日,在天津召开了第二次全路集装箱工作会议。会上铁道部领导提出:“要通过发展集装箱来带动货运改革,要修订规划,扩大投资,多造箱和车,多建办理站,从根本上取消普通零担货物运输[①],加快发展集装箱运输。”引起与会代表的极大震动,对推动铁路集装箱运输的发展具有十分重要意义。

1993 年,铁路集装箱发送量已达 2000 多万吨,比 1990 年翻了一番,占全国集装箱运输总量 1/3 。

——中铁集装箱运输中心购买国际标准集装箱。

1993 年 11 月 1 日,虽然集装箱发送量占全路货运发送量的份额很小,铁道部部长办公会议专门讨论了发展集装箱问题。会议决定,将集装箱问题提高到部一级来决策,修订原发展规划;要求计划、财务、基建、科技、外事、车辆、工业等部门都要加大工作力度,支持集装箱运输工作,从各方面筹集资金,加快发展步伐;改革铁路现有管理模式,成立铁路集装箱公司,开拓外运市场和各项有关业务。

1994 年 8 月 28 日,铁道部宣布中铁集装箱运输中心(CRCT)成立。中铁集装箱运输中心按照现代企业制度的规范运作,是全路集装箱运输的承运人。它与当时全路 13 个铁路局、53 个铁路分局、617 个铁路站段的集装箱机构,构成中国铁路的集装箱运输系统。对全国铁路的集装箱运输,实行统一规划、统一管理、统一调配。

在改革、开放、发展的氛围中,新成立的中铁集装箱运输中心在“市场化改革,企业化经营”的思路指导下,于 1996 年促成了中国铁路第一

---

① 自 2006 年 11 月 1 日起全路停止办理零担货物的中转业务,只在少数车站组织零担直达运输。

次大规模购置国际标准集装箱，实现了中国铁路集装箱接轨国际水平。这是一个值得铭记的事件。

1994年，中铁集装箱运输中心成立时，全国铁路经过40年的积累(1955—1995年)，集装箱的保有量才达到：十吨箱94 730个，五吨箱29 260个，一吨箱37.3万个，试验性质的20英尺集装箱1 346个。当时中铁集装箱中心领导果断决策，一次性购买20英尺标准集装箱60 000个，促进中国铁路集装箱发展与国际市场接轨。

随着中铁集装箱运输中心成立，铁道部发函，允许中铁集装箱中心利用外资、融资等形式筹集资金，加快基础建设，引进先进管理技术和手段，拓展集装箱运输业务。1995年，国际标准化组织发布的ISO668：1995，20英尺集装箱的额定质量由20 320千克改为24 000千克，一车装载两个20英尺集装箱，载重利用率能达到80%。

一旦决策，就要实施。当时，铁路生产十吨箱的山海关桥梁厂、武汉工程机械厂不具备生产大型箱的能力。要想大量购买国际标准箱，就必须依靠国际造箱市场。

中铁集装箱运输中心刚刚组建，没有相应的经济实力，少量购箱可以，大量购箱，财力承受不了。当时国内银行贷款利率超过10%。申请世界银行贷款外汇额度困难。

此时的中铁集装箱人解放思想，勇于担当，决定采用融资的办法，利用别人的钱来发展大型国际集装箱，名曰“借鸡下蛋，以箱养箱”。也就是能有人先提供箱投入铁路运营，并算作中铁集装箱运输中心资产列账。中铁集装箱运输中心有了收入，就可以提取设备折旧费逐步偿还购箱款。

这种购箱方法，当时在国家财务制度上尚无规定。为此，铁道部财务司积极与财政部联系，说明情况，提出请求。财政部在无此制度和先例的情况下，口头答应“铁道部可以先试验，但需账责清楚，不能出现经济纠纷”。

1996年上半年，中铁集装箱运输中心正式向外发布了招标方案。方案说明购买的20英尺集装箱由箱厂一次交箱，中铁集装箱运输中心分8年32次付款。款额按日以美元计价，按付款日《人民日报》公布的中间价折算合人民币支付。

经过半年多的议标谈判，中铁集装箱运输中心共购箱 65 000 个，合同金额约 15.6 亿元。

随着 20 英尺、40 英尺集装箱的大量投入，铁路集装箱从以十吨箱为主，变成了 20 英尺大型箱为主，统计、考核单位也从十吨换算箱（CTU）改成了 20 英尺标准换算箱（TEU）。中国铁路终于进入国际标准箱时代。2000 年 6 月，中铁集装箱首次购买了 3 000 个 40 英尺集装箱。到 2003 年，铁路上保有的 20 英尺、40 英尺国际标准集装箱已经达到 137 146 个。

这次购箱经历，给铁路人留下了深刻的启示：其一，集装箱标准是集装箱发展的核心，铁路要参与集装箱发展，就必须遵循标准，遵循规律。其二，勇于打破现有规定，才能促进铁路集装箱的快速发展。其三，加强国际交流，加强行业横向交流，能更好地促进铁路的发展。中国铁路集装箱运输不可能封闭发展，必须融入世界集装箱的大循环。

1995—2003 年，铁路集装箱的管理基本以中铁路集装箱运输中心为主导，此时整个国家铁路的管理是以铁道部为核心的政企合一的管理模式。

在中铁集装箱运输中心时期，铁路主要在推动集装箱国际联运和内陆港建设，发展国际标准 20 英尺、40 英尺集装箱，实施铁路集装箱运输“一口价”，发展专业集装箱，建立集装箱信息管理系统等方面推进了铁路集装箱的发展。1995—2003 年，铁路集装箱发送量从 143 万标箱增加到 316 万标箱，年均增长 10.43%。

2003 年 6 月，铁道部经过数年的研究酝酿，决定进一步改革铁路集装箱管理体制，由中铁集装箱运输中心代部与 14 个铁路局联合成立中铁集装箱运输有限责任公司，注册资本 13 亿元。铁路集装箱的管理进入专业公司时代。

2013 年 3 月，铁道部实行政企分开，组建了中国铁路总公司，承担铁路的企业职责。对于铁路集装箱的管理，铁路总公司负责全路集装箱运输统一管理和协调。铁路局作为集装箱铁路运输承运人，负责集装箱运输业务的生产组织和经营管理。中铁集装箱运输有限公司负责铁路箱修、信息系统和国际联运协调等工作。

作者感悟

关于铁路集装箱运输的一些讨论

阻碍铁路集装箱发展的认识问题，是“不能量化地认识集装箱对铁路运输效率的提高”，对集装箱运输方式怎样提高铁路运输效率，降低单位成本就没有一个定量的认识。加之铁路一直以来的在运能紧张方面的客观原因，铁路集装箱运量小，对铁路的影响力也相对较小，造成了集装箱在铁路上发展的坎坎坷坷。

长期以来，铁路集装箱运输有种怪现象，越是运输紧张，集装箱货源越充足，运量增长越快。铁路运力相对宽松时，集装箱反而货源组织困难。

这种现象，一是说明铁路对集装箱运输的重视和政策倾斜。另一方面也说明广大货主对使用集装箱运输热情并不高。铁路运输紧张期间，不管贵贱，起码集装箱能走，就抢着装运集装箱。而对铁路系统来说，同等距离，每运 1 车集装箱，铁路运费收入比整车低，但货主每吨付出运费却比整车要高，两个积极性不匹配。

怎样发展铁路集装箱呢？怎样走专业化道路呢？看看海运业发展集装箱中的专业化集装箱码头、专业化集装箱船、定期的集装箱班轮航线，这些，使得集装箱运输方式从传统件杂货海运中脱颖而出，迎来了自己的黄金时代，开创了一个“集装箱改变的世界”。

至于铁路集装箱发展过程中的种种争论，“是装整车划算？还是装集装箱划算？”，没有什么好奇怪的，看看海运集装箱发展中，使用非集装箱专用船时候的争论，什么都曾经发生过……

实际上，铁路集装箱的发展不需过多的政策扶持，发展铁路集装箱，也只需要按规律办事。

第七章　现代集装箱在中国公路上的无奈和尴尬

我国道路运输业是最早实行改革开放的行业之一。“有水大家走船，有路大家行车”的政策，开启了道路运输黄金时代。

改革开放前，计划经济特别强调部门之间分工，明确交通运输各种运输方式要“合理分工”，各有各的主管部门，各有各的营运区域。

公路运输自成体系，公有制运输企业一统江湖，国有运输企业更是独领风骚。很多省份都成立起由交通厅(局)主管的运输公司，对分布在各地、州、市的国有运输企业实行条条管理，人财物统一，由省会到县乡所有基层单位和运输车辆普遍显示着一省“运”的标记。

当时的客车主要是用解放牌货车底盘改装的，减震和密封性能很差，车厢内经常尘土弥漫，而且超载的情况非常普遍，就这样还常常买不到车票。春运期间，因为运力不足，只好根据需要，在一部分货车车厢内加上几条长凳，将它临时改为代客车，运送旅客。这种代客车，既不挡风，又不遮雨，没有密封的车厢，冬季在寒冷地区，旅客在乘车过程中，被冻伤的情况时有发生。

货车主要是解放牌，载重量少，百吨公里耗油量多，数量也不能满足需要。港口、车站和煤、粮、棉、菜主产区，经常有物资积压待运。

1978 年 12 月，党的十一届三中全会胜利召开。随后农村经济迅速发展，乡镇企业蓬勃兴起，沿海经济特区开始建设，道路客、货运输需求猛增。

1983 年 1 月，中共中央在《关于当前农村经济政策的若干问题》(中发〔1983〕1 号)文件中指出，为了搞活流通，农民个人和联户可以购买拖拉机和汽车，从事生产和运输。

因此，交通部调整政策，确定开放运输市场，提倡多家经营，鼓励竞争，实行“有河（后来发展为‘有水’）大家走船，有路大家行车”的政策。在当年（1983 年 3 月）的全国交通工作会议上，李清部长正式对外宣布该政策。1983 年 3 月 15 日、3 月 17 日，《经济日报》和《人民日报》分别在头版撰文报道。

政策一出，各地掀起了个人和联户购买拖拉机、汽车从事运输的热潮。到 1985 年，全国已有私人营运汽车 285 多万辆，轮式拖拉机约200 万台。这不仅大大缓解了道路运输的紧张状况，还使从事运输的个人获得了很好的收入，不少人成了“万元户”，成为先富起来的一族。

而与此同时，原有的国有运输企业客、货源减少，经济效益下降，感到竞争的压力。有些人从小团体的利益出发，对上述政策的推行想不通，产生了抵触情绪。甚至还有人编成顺口溜，对交通部领导进行批评，说“新班子，上了台，市场乱起来，国有企业吃了亏，个体户发了财”。

当时的交通部和各级交通部门，坚决贯彻改革开放方针和“有路大家行车”的政策不动摇，并且进一步提出要打破地区封锁，废除“三统”，允许在各省、自治区、直辖市确定的基本运价的基础上，根据道路状况，物资类别，运距长短，装卸难易，实行浮动运价。

知识链接

国家经委、交通部关于改进公路运输管理的通知

状态：失效　发布日期：1983-07-21　生效日期：1983-07-21

发布部门：国家经委、交通部

发布文号：经交〔1983〕594 号

各省、市、自治区人民政府，国务院各部委、各直属机构：

根据中共中央《当前农村经济政策的若干问题》（中发〔1983〕1 号文件）的精神，为改进公路运输管理，以适应城乡

知识链接

商品流通和人民旅行的需要，经国务院批准，特作如下通知：

一、公路运输要坚持计划经济为主、市场调节为辅的方针，实行多家经营，发展多种经济形式。要以国营运输企业为骨干，充分调动交通部门和非交通部门、国营和集体企业发展公路运输的积极性，同时，允许城乡个人或联户购置机动车辆、拖拉机，从事运输。

凡参加营业运输的国营企业、集体单位和个人，都要申请办理工商登记，经交通部门签注意见，车辆、驾驶员要经过交通或公安部门检验、考试领取牌证，再由工商行政管理部门批准，发给营业执照后方准开业。都要遵守国家的政策和法令。

凡申请从事营业运输的城乡个体和联户，必须在中国人民保险公司投保第三者责任险、旅客意外伤害险和货运险，才能办理工商登记。国营和集体运输业也应积极参加保险。

为了保证旅客安全，拖拉机不准经营客运。

二、各运输企业和个体运输业的经营范围要有适当分工，各负其责。交通部门的运输企业面向社会，为各行各业服务，主要承担重点物资、大宗物资和车站、港口集散物资的运输。非交通部门的运输企业主要承担本系统的运输任务，也可以承运其他物资。农村社队、联户和个人经营的机动车辆、拖拉机，主要承担当地农副产品和农村生产、生活物资的运输，也可以进行长途运输。

为了减少车辆空驶，节约能源和运力，各级交通主管部门应组织各运输企业互相为回空车辆提供货源，合理配载。也可以组织其他部门的车辆，利用回空捎运货物。

各运输企业都要努力改善经营，提高服务质量，货主可以择优托运。

三、为了使货畅其流，加快商品流转，公路运输要打破部门界限和地区封锁，组织直达运输和合理运输。任何单位和个人不得滥用职权，画地为牢，垄断货源。各级交通主管部

知识链接

门都要加强计划管理，定期召开运输计划平衡会议，落实国家的重点物资运输任务；按照经济合理、平等互利的原则，协调安排跨区运输任务；组织运输企业之间互相交换对流货源，提高车辆实载率。

各运输企业都应按期向交通主管部门报送公路运输统计报表。

四、凡从事营业运输的车辆，都要执行国家和省、自治区、直辖市有关运价的规定，都要使用统一的行车路单和使用有税务专用章的运费结算凭证。

五、凡从事营业运输的单位和个人，都应依法纳税，并按照有关规定缴纳养路费和运输管理费。未经省、自治区、直辖市人民政府批准，任何单位不得擅自征收其他费用。

运输管理费按运输营业额征收，最多不得超过1%，专款专用，年终结余按规定上缴财政。

六、各级交通主管部门要会同工商行政管理、公安、税务、物价等部门，加强运输市场的管理。对哄抬运价、营私舞弊、行贿受贿、敲诈勒索、非法经营、偷税漏税等违法乱纪行为，要分别情节轻重，给予批评、教育、警告、罚款处理，严重者要吊销行车执照、驾驶执照、车辆牌照和营业执照，直至追究法律责任。

除公安、交通部门外，其他单位和个人都无权扣缴行车执照、驾驶执照和车辆牌照。除工商行政管理部门外，其他单位和个人都无权扣缴营业执照。

七、各省、自治区、直辖市交通、公安部门可根据当地情况，统一规划设置车辆监理、运输管理和养路费征收的联合检查站，实行联合检查，简化手续，方便运输。未经省、自治区、直辖市人民政府批准，任何单位都不准在公路上设卡，拦车检查。

八、公路运输实行联合经营，有利于合理配载，减少空驶。鼓励交通部门运输企业之间，交通部门与非交通部门运

知识链接

输企业之间，国营、集体和个体运输业之间，在自愿、平等、互利的原则下，采取各种形式，实行联合经营。各级政府和有关部门要给予积极支持。

九、各地要积极组建联运服务公司，既为货主代办运输业务，又为运输企业组织货源，利用回空配载，并积极开展各种运输方式的联运，方便货主，节省费用。各联运服务公司之间要加强协作，互相代理业务。联运服务公司经办业务，可收取一定的手续费。

十、各地对封存的车辆要进行清理，对技术状况不好、耗油量高的老旧车辆，按照有关规定，经当地公安、交通部门鉴定后予以报废，不得继续使用，严禁转卖给其他单位和个人。可以继续使用的车辆，各单位可根据运输需要和油料供应情况决定启封。

十一、各省、自治区、直辖市可根据本通知，结合当地具体情况，制订实施办法，组织执行。

过去有关公路运输管理的规定，凡与本通知精神不符的，以本通知为准。

一九八三年七月二十一日

交通部的解放思想，提倡各地区、各部门、各企业一起干，国营、集体、个体，各种所有制一起上，使道路运输很快进入了欣欣向荣、蓬勃发展的新时期。

到了1990年，道路运输群众乘车难、货物运输难的问题，在绝大部分地区已经得到解决。

1990年以后，我国高速公路和普通高等级公路数量猛增，道路运输事业的发展更加迅速，汽车更新换代步伐加快，保有量以平均每年两位数递增。

★ 公路建设取得辉煌成就

1984 年 12 月，全长 18.5 公里的中国第一条高速公路——沪嘉高速公路（上海—嘉定）在上海破土动工，并于 1988 年 10 月建成通车，结束了中国内地没有高速公路的历史。

1990 年 9 月，被誉为“神州第一路”的沈大高速公路（沈阳—大连）建成通车。沈大高速公路全长 375 公里，全部由中国自行设计、自行施工，标志着中国高速公路发展进入了一个新时代。

1993 年，中国第一条利用世界银行贷款建设的跨省市高速公路——京津塘高速公路建成，开辟了中国高速公路建设管理的新模式。之后，中国相继建成了成渝、济青等一批具有重要意义的高速公路。

1999 年，中国高速公路里程突破 1 万公里；

2007 年底，“五纵七横”国道主干线也基本建成。

截至 2013 年年底，中国高速公路通车里程已达到 10.44 万公里，居世界第一位。截至 2019 年年末，中国高速公路里程已达到 14.96 万公里。

★ 公路集装箱运输业发展不容乐观

当今，公路集装箱运输在发达国家十分普及，已成为世界货物运输的主要方式之一。在美国、加拿大等国家，公路集装箱运量占多式联运量的 60%以上，占社会总运量的 50%以上，高速公路上行驶的货运车辆几乎全是集装箱卡车、厢式半挂车，平均运距长达 200 公里，平均行驶速度 100 公里/小时，无篷敞式货车、单车体厢式货车则难觅踪迹。

而我国集装箱运输车辆在整个公路运输中所占的比重偏低，仅占营业性载货车辆总量的 0.4%左右，主要集中在沿海省市，平均运距只有 63 公里，平均行驶速度只有 60 公里/小时。

★ 公路集装箱运输发展历程

我国的公路集装箱运输是伴随着海运国际集装箱运输和国内铁路集装箱运输的发展而兴起的，最早开始于 1977 年。

1977 年 12 月交通部汽车运输总公司天津分公司（原交通部天津大型车队）通过技术改造，改制为我国第一座国际集装箱公路中转站，内设集装箱堆场、拆装箱仓库及大型装卸机械等设施，并经交通部批准，成立了我国第一支国际集装箱运输专业车队。

1980 年 5 月，交通部指定由交通部汽车运输总公司承担并发展港口到内陆的国际集装箱集疏运任务。

1980 年 5 月 17 日交通部成立集装箱运输领导小组办公室，交通部汽车运输总公司作为公路运输方面代表参加工作。

1980 年 6 月 3 日，交通部在上海召开"国际集装箱运输港口业务座谈会"，交通部汽车运输总公司等公路运输企业参加，共商开展国际集装箱疏港业务及揽货事宜。本次会议确定，交通部今后一个时期发展集装箱运输，将采取"统一领导，分头经营，互相协作，专业管理"的方针。

1980 年 7 月，交通部首次在蚌埠召开"全国公路集装箱运输工作座谈会"，有 17 个省市代表参加。会上交流了各地初步开展集装箱运输的经验体会和做法，研究了公路集装箱运输的经营管理体制问题，这次会议对推动公路集装箱运输的发展起到重要的作用。

1980 年 8 月，由交通部汽车运输总公司牵头，天津、北京市交通局和河北省交通厅参加，成立"京津冀国际集装箱运输公司"，总部设在北京，主要承担京津冀地区与天津港之间的进出口国际集装箱的内陆集疏运任务，实行统一组织箱源、统一调度车辆、统一结算运费、统一协调任务、各自独立核算的办法。

1981 年 4 月，"南方集装箱运输公司"成立，总部在广州。同年 6 月，"北方集装箱运输公司"成立。

1983 年 3 月，为了加强对全国公路集装箱运输的推广与管理工作，交通部决定在汽车运输总公司内专设"集装箱运输处"，代行部公路局业务职能，并向国家经委交通局备案。

1984 年 12 月，交通部汽车运输总公司首次用国内贷款从日本引进三菱牌集装箱牵引车 65 辆，并在国内选型配套半挂车。这批运力投产后，对加强集装箱疏港发挥了重要作用。

1985 年 4 月，根据交通部决定，交通部汽车运输总公司按企业体制运行，原代交通部管理的全国公路集装箱运输职能，全部移交给交通部公路局，撤销设在总公司的集装箱运输处，政企完全分开。

1987 年 8 月，上海成立我国首家中外合资的“上海英之杰国际集装箱储运有限公司”，总投资 1 800 万元人民币，中英双方各占一半。公司采用国外先进的企业管理模式，运输效率和企业效益显著提高。

经历 30 多年的逐步推广，公路集装箱运输主要集中在集疏运港口国际集装箱、开展铁路集装箱“门到门”运输，以及完成干线公路集装箱零担货运输方面。

近年来，公路运输完成的港口国际集装箱集疏运量，一直占港口吞吐重箱数的 80％以上，外贸进出口集装箱由港口通过公路干线向内陆延伸的距离已达数百公里。

铁路集装箱办理站到发的集装箱，通过公路运输实现“门到门”服务的比重稳定在 70％以上。

第八章　集装箱在中国对我们的启示

★ 集装箱的兴衰，系于国运

集装箱来到中国，幸运地遇上中国改革开放的新时代。

1978 年 12 月 18 日，党的十一届三中全会隆重召开。这次会议，实现了新中国成立以来我们党历史上具有深远意义的伟大转折，开启了我国改革开放历史新时期。

在那个解放思想，实事求是，团结一致向前看的年代，集装箱找到了最适宜生长的土壤，创造出了集装箱的中国奇迹。

如果没有改革开放，世界最大的集装箱制造中心不可能落户中国。如果没有改革开放，中国将与世界贸易全球化，世界经济飞速发展失之交臂。

改革开放 40 多年，是激情澎湃的 40 多年，是睁眼看世界的 40 多年，是奋起直追世界先进水平的 40 多年。

1978 年 12 月 8 日，党的“十一届三中全会”召开，开启了中国改革开放的进程。在这之后，“解放思想，实事求是，团结一致向前看”深入人心，计划经济的坚冰逐渐被打破。

1981 年 3 月 10 日，铁道部外事局规定其运输条件比照包装箱，按整车货物办理，从此揭开了铁路国际集装箱运输的序幕。

1981 年 12 月，我国第一座专业集装箱码头——天津港 21 号泊位建成投产并正式通过国家验收，实现了我国港口建设史上零的突破。

1983 年 3 月，交通部在全国交通工作会议上外宣布：“有河大家走船，有路大家行车”。全国交通落后面貌迅速改善。

1983 年 4 月，第一个全国性集装箱发展指导性文件《关于发展集装箱运输的若干意见》正式发布。

1986 年，国务院颁布首个《关于中外合资建设码头优惠待遇的暂行规定》。

1986 年 10 月，铁道部运输局与中远签订《国际集装箱海铁联运协议》，揭开了国际集装箱海铁联运的序幕。

1991 年，铁道部颁布了集装箱运输“三单独”“四优先”政策，铁路集装箱运输作为整车、零担、集装箱三种运输方式之一，在全路轰轰烈烈地开展起来。

1992 年，《国务院关于进一步改革国际海洋运输管理工作的通知》(国发〔1992〕64 号)颁布，船舶运输市场完全放开。

1994 年，我国的造箱量超过了当时号称“集装箱王国”的韩国而跃居世界首位。其后一直稳居第一，直到占据世界集装箱制造市场的 80%。

1995 年 8 月 28 日，中铁集装箱运输中心(CRCT)成立。中国铁路集装箱运输实现了与国际模式接轨，1996 年，铁路第一次大规模购置国际标准集装箱，彻底改变了铁路集装箱面貌。

2002 年，中国港口(这里是指上海、深圳、天津、广州、青岛、大连、宁波、厦门等沿海港口，未统计我国港澳台地区)以 3 721 万标箱的集装箱吞吐量，首次超过连续 46 年保持世界首位的美国，跃居世界第一，其后一直稳居第一。上海港在 2003 年，又成为世界最大集装箱港口，并一直扩大优势，保持至今。

★ 发展经济必须尊重经济规律，才能取得伟大的成绩

集装箱是从一种运输设备，发展成为一种运输方式。集装箱从件杂货航运中逐渐独立出来，逐渐标准化、专业化，也算“独立成军”了。世界各国的集装箱运输都是专业的航运公司在操作，独立于煤炭、矿石、原油等大宗货物的航运，也独立于少量的无法入箱的设备类件杂货运输。

集装箱标准化了千差万别的货物，使世界货运行业发生了革命，改变了世界。就犹如“数字化”使信息传输从模拟时代走向了数字时代，引

起了通信界的革命，改变了世界通信行业一样。

所以，一提到集装箱，它既是一个个钢铁的、统一规格的、五颜六色的“铁箱子”；也是与“铁箱子”对应的，在全世界都一样的“角件”装卸方式，专用的港口码头、专用的桥吊、专用的集装箱轮船、专用的集卡车、专用的火车平板车等等；更是“铁箱子”及其整个集装箱货运系统背后的经济规律——标准化、专业化的设备和操作方式大幅提高了整个货物系统的效率，大幅降低了单位运输成本。

集装箱运输的成功，首先是经济规律的体现，“成本只有原来操作方式的百分之几”，决定了它终将是有生命力的新事物。

经过数十年的发展，集装箱的“规模经济效益”发挥到了极致——“规模越大，单位成本越低廉”。最终，是低成本让集装箱战胜了其他任何竞争对手，取得了全球货运的霸主地位。

对货主来说，集装箱意味着“低廉的价格，可以把货物运到世界任何地方。并且，在你把箱门关上之后，直到你再次把箱门打开之前，没有人碰你的东西。”

谁也不能抵挡价廉物美的诱惑。

此外，敢于坚持自己认为正确的东西，接受新思想、新事物，也许是更深层次的启示。

最后，让一切回归简单。对中国，发展才是硬道理；对集装箱，便宜就是硬道理。

附件

世界主要集装箱航运公司

★ 赫伯罗特船公司

赫伯罗特船公司(Hapag-Lloyd)是欧洲最早开展集装箱航运的企业。其公司标志如附图1所示。

附图1 赫伯罗特船公司(Hapag-Lloyd)公司标志

这是一家拥有百年历史的传奇企业(现名始于1970年),他是由1847年的哈帕格和1856年的北德意志劳埃德(NDL)两个19世纪的公司合并而成。两家公司都曾在第一次世界大战、第二次世界大战前两度兴起,又两度被战争摧毁。

1968年10月25日,该公司的威悉河快车(Weser Express)号集装箱船,在不来梅下水,船长170米,装载量为736标箱,此后3艘同型船相继下水。

赫伯罗特船公司是目前世界前五大船公司之一,致力于全球化的集装箱服务,在100多个国家拥有约500家分支机构。赫伯罗特船公司拥有超过130艘集装箱船,约410 000标箱的装载量。业务遍布于欧洲、北美洲、拉丁美洲和亚洲之间。

★ 马士基航运公司

马士基航运公司(Maersk Lines)公司标志如附图2所示。

马士基航运公司隶属丹麦的A.P.穆勒—马士基集团,集团创立于

附图 2　马士基航运公司(Maersk Lines)公司标志

1904 年,总部设在哥本哈根。1928 年 7 月,马士基航运的 LEISE MAERSK 号船从美国东海岸的巴尔的摩开始了它的首次航行。

1973 春天,集团总裁 A. P. 穆勒在对建立独立的集装箱贸易的想法进行充分论证之后,签订了一份在 1975—1976 年间交付 9 艘快速集装箱船舶的订单,同时在哥本哈根成立了马士基集装箱航线部。同年,马士基航运现在的七角星标识也正式启用。

一旦决定发展集装箱业务后,A. P. 穆勒集团随即投入了 20 多亿丹麦克朗,用于建造各类船只、码头、集装箱,以及与此新业务相关的营销及促销活动。

1975 年 9 月,马士基航运公司首条新型集装箱船“ADRIAN MAERSK”号于从美国新泽西州纽瓦克港口的马士基航运自己的码头启航,装载量是 1 400 标箱。

马士基航运公司自从踏入集装箱航运业,便一发不可收拾。1999 年 12 月,A. P. 穆勒集团收购了海陆联运公司(Sea-Land Service)的国际集装箱业务。作为整合的一部分,马士基航运公司更名为马士基海陆公司(2006 年 2 月又更名回马士基航运)。此次收购包括 70 艘船,以及遍布世界各地的近 200000 个集装箱、码头、办事处、代理机构等。

海陆联运公司? 没错,就是集装箱之父——马尔科姆·麦克莱恩创立的海陆联运公司(Sea-Land)。

2005 年 5 月马士基航运公司又收购了当时的第三大航运巨头——铁行渣华(P&O Nedlloyd)。这是航运史上最大的一次收购案,对世界航运格局的影响以及对中国的震动都极为巨大。当时,马士基航运集装箱运量的全球市场份额已经达到 12.3%,排名世界第一;而铁行渣华市场份额为5.3%,与长荣海运相当。马士基与铁行渣华合并后,全球市场份额将达到 17%左右,稳居世界第一。

2009 年,马士基航运公司已拥有 2028048 标箱箱位,540 条集装箱船，其中包括当时世界最大级别集装箱船——艾玛·马士基号。该船全长 397.7 米、宽 56.4 米，设计吃水 15.5 米，航速 25.5 节。额定装载 11000 标箱，其中包括 1000 个冷藏箱，通常需要 6 座岸边起重机一起作业。

在航运界，对马士基的概念是："没有马士基不到的地方！哪怕太平洋小岛或是一个非洲的内陆点！"

马士基集团 1984 年在广州设立办事处，这是其在中国的第一个办事处。

此外，全球著名的家居产品供应商瑞典宜家（IKEA）的货基本上是马士基集团全包：全球 29 个国家、2000 多家供应商、164 家专卖店、10000 多种家具材料的物流任务。

★ 铁行渣华有限公司

铁行渣华有限公司（P&O Nedlloyd）是一家英荷合资的集装箱运输公司，由英国铁行公司（P&O）与荷兰渣华公司（Royal Nedlloyd）在 1966 年合并组建，曾经是世界上第三大集装箱运输公司。

铁行渣华有限公司（P&O Nedlloyd）公司标志如附图 3 所示。

附图 3　铁行渣华有限公司（P&O Nedlloyd）公司标志

英国铁行公司（P&O）出生不凡，源自 1822 年由一个伦敦船舶经纪人和一个水手合资的半岛航运公司（Peninsular Steam Navigation Company）。1840 年，该公司开发了经直布罗陀海峡、马耳他到埃及亚历山大港的航运业务，由此更名为半岛和东方航运公司（P&O Steam Navigation Company）。

当时，这些航运公司主要提供邮轮服务，在全世界递送邮件，运输移民。半岛和东方航运公司（P&O）是世界上最早的邮轮公司之一，在 1880 年建造了世界上第一艘全钢结构的船，在 1889 年首次在船上使用了电灯。海商法中著名的“喜马拉雅条款”(此条款就印在每一份提单的背面),最早的判例就是出自该公司。

如今,P&O Cruises 依然是世界上最著名的四大游轮公司之一,其公司标志如附图 4 所示。

附图 4　P&O Cruises 公司标志

荷兰渣华公司(Nedlloyd)也是百年老店,源自 1870 年在阿姆斯特丹成立的 SMN 公司,1875 年在鹿特丹成立的 KRL 公司,1902 年在阿姆斯特丹成立的 KJCPL 公司。

1908 年,三家公司结成了“荷兰航海联盟”。1970 年,该联盟(NSU)的多条航线合并,即为 Nedlloyd 公司,其公司标志如附图 5 所示。

附图 5　Nedlloyd 公司标志

当集装箱在欧洲兴起时,这些老牌船公司也纷纷加入,成立了自己的集装箱船队,起起落落,分分合合,并购重组,演绎着集装箱航运界“春秋战国”的故事。

2005 年,铁行渣华被马士基以 23 亿欧元收购。收购时,铁行渣华公司在 146 个国家拥有 13 000 名员工、156 艘集装箱船,定期在 99 个国家的 219 个港口停靠。

★ 地中海航运公司

地中海航运公司(MSC)于 1970 年创立,总部设于瑞士日内瓦。其公司标志如附图 6 所示。

附图 6　地中海航运公司(MSC)公司标志

地中海航运公司(MSC)运力曾经世界排名第二，有 437 条集装箱船，在全球经营 200 条直达和干支联运的周班航线，其国际集装箱运输航线通达全球 6 大洲 335 个港口。

★ 达飞海运公司

达飞海运公司(CMA CGM)始建于 1978 年，总部设在法国马赛，经营初期主要承接黑海地区业务。

进入 20 世纪 90 年代后期，达飞海运公司不仅开通了地中海至北欧、红海、东南亚、东亚的直达航线，还分别于 1996 年、1999 年成功收购了法国最大的国营船公司——法国国家航运公司(CGM)和澳大利亚国家航运公司(ANL)，正式更名为"CMA CGM"，其公司标志如附图 7 所示。

附图 7　达飞海运集团公司标志

2005 年，达飞海运集团又成功并购了达贸轮船，成为当时法国第一，世界排名第三的集装箱全球承运人，拥有 362 条集装箱船。

★ 美国总统轮船公司

美国总统轮船公司(APL)也是一家"百年老店"，源于 1848 年成立的太平洋邮运公司(Pacific Mail Steamship Company),美国总统轮船公司(APL)在1958年就开始涉足集装箱业务,并且一直犹犹豫豫,只运营“散货+集装箱”的半集装箱船。直到20世纪70年代初期,美国总统轮船公司(APL)才把这些半集装箱船改装成纯集装箱船,开始购买新的纯集装箱船。后来美国总统轮船公司(APL)曾经发展成全球第六大集装箱班轮运输公司,向全世界超过125个国家和地区提供集装箱多式联运业务,其业务范围覆盖了北美、亚洲、欧洲、拉丁美洲和澳洲的各个主要市场。其公司标志如附图8所示。

附图8　美国总统轮船公司(APL)公司标志

美国总统轮船公司(APL)还是美洲大陆桥(1979年,洛杉矶—纽约)的集装箱运输的开创者,而且在1984年首创了铁路双层集装箱运输。

1997年,美国总统轮船公司(APL)被新加坡的东方海皇公司(NOL)吞并,但还是用APL的牌子。2016年,美国总统轮船公司(APL)和东方海皇公司(NOL)又被法国达飞海运公司(CMA-CGM)收购,变成了其下属公司,但APL的牌子依然保留。

★ 美国轮船公司

美国轮船公司(United States Lines)曾是著名的跨大西洋邮轮公司,其公司标志如附图9所示。公司始于1921年,其创立者之一是著名的西奥多·罗斯福总统的儿子。1938年,公司定名为美国轮船公司。其著名的“美国号”客轮曾经是世界上最大、最快的客轮,如今落魄地停在美国费城的一个码头。

附图 9　美国轮船公司(United States Lines)公司标志

在 1969 年左右,美国轮船公司结束客运业务后,开始涉足集装箱业务。在 1978 年被麦克莱恩收购。当时,美国轮船公司运营着 43 条轮船,开展着国际货运业务。

在麦克莱恩雄心勃勃,但生不逢时的集装箱“环球航行”计划下,美国轮船公司于 1986 年 11 月申请破产,1992 年被清盘,最终成为历史。

★ 日本邮船株式会社

日本邮船株式会社(NYK)始建于 1885 年,是世界顶尖船公司之一,总部位于东京。日本邮船株式会社(NYK)致力于提供安全、优质的物流集运及班轮运输服务。其公司标志如附图 10 所示。

附图 10　日本邮船株式会社(NYK)公司标志

★ 东方海外集装箱航运公司

东方海外集装箱航运公司(OOCL)最开始的名字叫金山轮船公司,创办人叫董浩云。1947 年,董浩云的船成为第一艘抵达大西洋彼岸及欧洲的中国商船。1982 年,董浩云去世,其子董建华执掌东方海外集装箱航运公司(OOCL)的母公司东方海外(国际)有限公司长达 14 年之久。

1996 年，董建华先生当选香港特别行政区首任行政长官后，其胞弟董建成便接任东方海外国际有限公司主席之职。其公司标志如附图 11 所示。

在鼎盛时期，东方海外集装箱航运公司（OOCL）拥有一支超过 150 艘货轮、运载能力超过 1 000 万吨的船队，曾是世界七大轮船航运公司之一。

附图 11　东方海外集装箱航运公司（OOCL）公司标志

★ 韩进海运公司

韩进海运公司（HANJIN）是韩进集团的一个成员，成立于 1977 年，前身是韩进集装箱班轮服务有限公司（HJCL），总部设在韩国首尔，是韩国最大的航运公司。其公司标志如附图 12 所示。

附图 12　韩进海运公司（HANJIN）公司标志

★ 长荣海运公司

长荣海运公司（EMC）创立于 1968 年 9 月，成立之初，仅以一艘 20 年船龄的杂货船艰辛经营。其公司标志如附图 13 所示。

1975 年，长荣海运公司（EMC）开展船队集装箱化计划，以新造的快速全集装箱船队，开辟远东/美国东岸集装箱定期航线。1984 年，长荣海运（EMC）更开辟了史无前例的环球东西双向集装箱定期航线，连接亚、欧、美三大洲。

附图 13　长荣海运公司(EMC)公司标志

★ 中国远洋海运集团有限公司

2016 年 2 月 18 日，由中远集团与中国海运重组而成的中国远洋海运集团有限公司在上海正式成立，该公司是中央直接管理的特大型国有企业。其公司标志如附图 14 所示。

附图 14　中国远洋海运集团有限公司公司标志

截至 2020 年 9 月底，中国远洋海运集团有限公司经营船队综合运力 10 933 万载重吨/1 371 艘，排名世界第一。其中，集装箱船队规模 316 万标箱/537 艘，居世界第三；干散货船队运力 4 192 万载重吨/440 艘，油轮船队运力 2717 万载重吨/214 艘，杂货特种船队 423 万载重吨/145 艘，均居世界第一。

中国远洋海运集团有限公司完善的全球化服务筑就了网络服务优势与品牌优势。中国远洋海运集团有限公司在全球投资码头 59 个，集装箱码头 51 个，集装箱码头年吞吐能力居世界第一；全球船舶燃料销量居世界第一；集装箱租赁业务保有量居世界第二；海洋工程装备制造接单规模以及船舶代理业务也稳居世界前列。

★ 萨非航运有限公司

萨非航运（Safmarine Container Lines N. V.，简称 Safmarine，也有

人称为南非轮船）是一家国际航运公司，在全球范围内提供集装箱和散杂货运输服务。其公司标志如附图 15 所示。

附图 15　萨非航运有限公司（Safmarine Container Lines N. V.）公司标志

萨非航运有限公司成立于 1946 年 6 月 21 日，当时资本只有 1 000 英镑。该公司源于美国国家海军陆战队总裁亨利·默瑟与南非著名实业家的亨德里克·范德·比耶尔博士之间的合作。范德·比耶尔博士是南非地区的推动力，而亨利·默瑟则将萨非航运有限公司提升为美国海军陆战队在美国与南非贸易中的合作伙伴。

20 世纪 70 年代最重要的发展之一是南非集装箱运输的出现。萨非航运有限公司是此开发项目的一部分，并建造了第一批集装箱船。

萨非航运有限公司总部在比利时安特卫普。1999 年，萨非航运有限公司被丹麦马士基集团收购，马士基集团选择保留了萨非航运这个品牌，而不是将其完全整合到马士基集团。21 世纪初，萨非航运有限公司已在全球 130 多个国家/地区拥有办事处 。2011 年 10 月 3 日，萨非航运有限公司决定将其内部支持和管理职能整合到马士基集团。

参考文献

[1] 马克·莱文森．集装箱改变世界[M]．姜文波，译．北京：机械工业出版社，2008.

[2] 郭文超．中国铁路集装箱运输[M]．北京：中国铁道出版社，2014.

[3]《中国集装箱运输发展》编委会．中国集装箱运输发展[M]．北京：人民交通出版社，2002.

[4] 吴强，铁路集装箱运输[M]．北京：中国铁道出版社，2011.

[5] 仲齐，郑源华．麦伯良：世界造箱大王[J]．中国企业家，1997(12).

[6] 徐淑芬．铁路集装箱运输发展大事记(1)[J]．集装箱化，1999(7).

[7] 徐淑芬．铁路集装箱运输发展大事记(2)[J]．集装箱化，1999(8).

[8] 徐淑芬．铁路集装箱运输发展大事记(3)[J]．集装箱化，1999(9).

[9] 徐淑芬．铁路集装箱运输发展大事记(4)[J]．集装箱化，1999(10).

[10] 徐淑芬．铁路集装箱运输发展大事记(5)[J]．集装箱化，1999(11).

[11] 徐淑芬．铁路集装箱运输发展大事记(6)[J]．集装箱化，1999(12).

[12] 费名申．中国集装箱标准化工作大事记(上)[J]．集装箱化，1999(1).

[13] 费名申．中国集装箱标准化工作大事记(下)[J]．集装箱化，1999(2).

[14] 翁垒，张亚明．中国公路集装箱运输发展大事记(上)[J]．集装箱化，1999(4).

[15] 翁垒，张亚明．中国公路集装箱运输发展大事记(上)[J]．集装箱化，1999(5).

[16] 史艳秋．迅速发展的中国集装箱工业[J]．铁道货运，2005(11).

[17] 傅希贵，王晓梅．中国海上集装箱运输大事记[J]．集装箱化，1998(10).

[18] 傅希贵，王晓梅．中国海上集装箱运输大事记(续 1)[J]．集装箱

化,1998(11).

[19] 傅希贵,王晓梅. 中国海上集装箱运输大事记(续 2)[J]. 集装箱化,1998(12).

[20] 卫太夷. 中国国际集装箱水运 30 年[J]. 集装箱化,2004(5).

[21] 陆匠心,李爱柏,李自刚,等. 宝钢耐候钢产品开发的现状及展望[J]. 中国冶金,2004(12).

[22] 胡锦平. 集装箱 50 年制造史[J]. 集装箱化,2005(1).

[23]《当代中国的水运事业》编写组. 新中国水运事业大事记(1949—1984)[J]. 中国科技史杂志,1987(5).

[24] 陈长庚. 中国港口集装箱运输发展的历史回顾[J]. 中国港口,2001(6).

[25] 王海平. 星星之火,可以燎原——中国港口国际集装箱运输发展的回顾和展望[J]. 港口经济,2007(12).

[26] 邓福林. 我国港口费收规则改革的回顾与思考[J]. 中国港口,1999(10).

[27] 高晓莹. 论世界集装箱运输发展历程及对全球经济的重大影响[J]. 物流技术,2010(7).

[28] 王子训. 改革开放 20 年来我国外经贸运输大发展的回顾[J]. 综合运输,1999(5).

[29] 雷海. COSCO 集装箱运输的回顾和展望[J]. 中国航海,1990(2).

[30] 庞为,邓剑萍,陈汇区. 巨轮起航——中国海运集团发展纪实[J]. 上海财税,1999(1).

[31] 罗开富. 中国外运集团:从垄断经营到市场竞争[J]. 国际贸易,1998(6).

[32] 汪长炳. 深化改革 转变机制 搞活外贸运输企业[J]. 经济研究参考,1992(6).

[33] 中国集装箱运输史上的成功范例——李克麟总裁纵论中海集团 7 年来的发展[J]. 集装箱化,2005(1).

[34] 魏江令. 我国集装箱工业的发展[J]. 中国船检,2000(2).

[35] 徐祖远. 走向世界的中国海运[J]. 中国水运,2009(6).